AF365494

Singing in Tune
1

Composed by Giovanni Andreani

First published in 2019 by
GA
Via Colombo 4, 24061 Albano Sant'Alessandro, BG, Italy
Copyright © Giovanni Andreani 2014
ISBN 978-88-941122-2-1

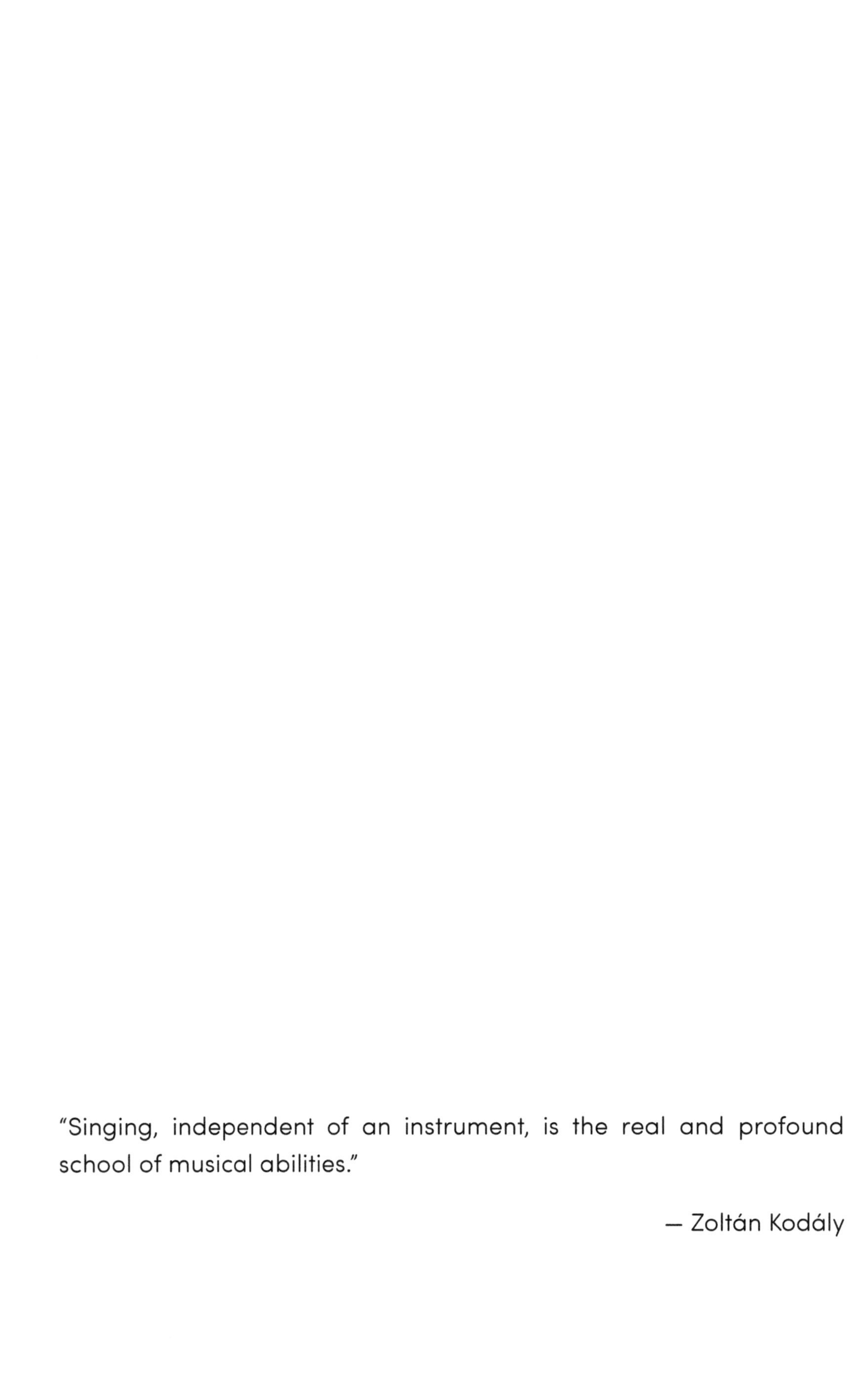

"Singing, independent of an instrument, is the real and profound school of musical abilities."

— Zoltán Kodály

PREFACE

A comprehensive and effective programme must consider all of the possible sectors in which the student's skills and competence can develop, which fall into two main categories: musicianship and instrumental skills. The 'Music Method Project' (MusMP) comprises the 'Musicianship Method Project' (MMP), related to musicianship development, and other 'Method Projects' related to the development of various instrumental skills, such as the PMP (Piano Method Project), etc.

While musicianship will develop slightly when studying an instrument, scientifically well-programmed musicianship development will be the primary factor for excellent instrumental improvement.

Within musicianship development, the most relevant part of all activities is related to singing. Singing in tune, by means of a conscious process, the ability to rely on a mental representation of a written melodic line, is one of the most - if not the fundamental - objective to pursue. Singing should start before beginning to play an instrument, and develop through the higher levels of comprehension of musical structures. From this perspective, singing should start as soon as possible and, auspiciously, never come to an end. Consequently, learning an instrument is to be considered some sort of specialisation which develops on a solid and extendsive, comprehensive foundation, which is musicianship.

MMP includes various development areas, in which different activities can be approached: the more the proposed activities are varied and systematically organised, the better the development of skills and competence will be. As a consequence, the contrast between different activities will stimulate the student's interest, which will result in greater emotional involvement, a higher level of participation, and a more dynamic attitude.

In MMP, the Development Areas are:

- Note Reading
- Rhythmic Development
- Listen and Sing
- Singing in Tune
- Melodic Improvisation
- Melodic Composition
- Polyphonic Singing

Within a well-differentiated programme, the student will be dealing simultaneously with activities that derive from different development areas.

Although it is undoubtedly important for the student to simultaneously manage various activities as part of the different areas of development, any new development area should be gradually introduced.

Within MMP, 'Singing in Tune' should be constantly tackled: all other areas can be started according to the teacher's discretion, in relation to the students' aptitude, specific needs, expectations, and so forth.

INTRODUCTION

This book contains 142 melodies organised and proposed according to criteria developed over many years of teaching. They have proven to be reliable music material for a training course where the main objective is singing in tune. Each chapter presents a new system[1] of tonal functions and each is divided into two sections: melodies written combining sol-fa syllables with a rhythmic line without the use of the stave, and melodies on the stave. From now on, melodies written combining sol-fa syllables with a rhythmic line (also known as 'rhythmic sol-fa'), will be defined as 'open-field' melodies.

The melodies in this book can be sung using the solmisation system known as tonic sol-fa: the sol-fa syllables represent the degrees of the diatonic scale for the tonal model where the doh syllable represents the tonic of the major scale regardless of the key in which it lays. The syllables do, re, mi, fa, sol, la, si (ti) are abbreviated in: d r m f s l t. At this level, they are gradually introduced, forming various pseudo-pentatonic sets which will represent the basis from which to discover – and be aware of – the tonal system.

Open-field melodies offer the opportunity to sing in tune more easily: each student will be able to focus his/her attention on the semantic property possessed by each sound in relation to its tonal function, without having to read notation from a stave. As soon as intonation is strengthened and the melodies are sung fluently, the student will simultaneously begin dealing with melodies on the stave. The stave is introduced gradually, first as a system with one line (monogram) on which sounds within the range of a third can be represented, then as a system of two and three lines (bigram and trigram). In the fifth chapter, melodies on a staff are represented in definite keys; nevertheless, they are notated without a key signature: accidentals, therefore, will appear at the moment, 'in itinere'. This method is adopted to accustom students to using absolute sounds[2] belonging to a specific key, making them clear every time they are needed. At the same time, by using the sol-fa system, the student will adopt a unique syllable combined to a specific tonal function, regardless of which key it is in.

Absolute and relative pitch

The use of the tonic sol-fa system will strongly develop relative pitch: the student will enhance their ability to recognise the different nuances related to each degree of the melodic tonal structure by identifying the intrinsic tonal properties involved. There are various degrees of development of

---

1   *The use of the definitions 'system of tonal functions' or 'melodic system' intend to describe the set of tonal functions represented by the sol-fa syllables, herein specified.*

2   *An absolute sound is any key named with a letter name (for example E) regardless of its tonal role.*

                    GA 16023

relative pitch, determined by the depth of understanding of the melodic and harmonic structures involved, as well as the style in which they are expressed. In reference to tonal music, the use of solmisation will develop awareness of the direction to which a melody can tend in relation to the propulsive forces that every single tonal degree expresses, rather than the ability to sing a precise interval. Being able to sing a certain interval does not automatically confer the ability to sing that same interval in every possible context. Tonal music reveals precise hierarchies, evident in the variety of functions inherent to all degrees; these are perceived as features capable of generating expectation for a particular direction of motion and point of landing, that each degree expresses within a melodic profile. One of the fundamental objectives for developing relative pitch is to increase awareness of the attractive and stabilising forces expressed by each degree along the musical discourse.

A specific melodic degree can lead to one direction rather than another according to many factors, and the variables at stake will determine its particular insightful dimension[3]. The feeling of how to sing a dominant function approaching from a second degree will not arise so much because of the ability to sing an interval of an ascending fourth or a descending fifth; rather – when aware of the magnitude expressed by that precise degree, within its context, according to the distinguishable tonal peculiarities (the possible perception of the harmonic functions implied, its position in the context of the melodic phrase and with respect to the metre, the intrinsic propulsive forces towards particular landing points, etc.) – one will be able to depict and inwardly realise the new sound to be sung. In this way, the development of relative pitch turns out to be fundamental to the comprehension of musical language and something that even those who possess absolute pitch recognition abilities must be able to acquire. Practising the intonation of pure intervals is, nevertheless, an important workout to be considered, especially to encourage diversification between all activities proposed along a formative path.

Singing with accompaniment

Singing without an instrumental accompaniment contributes to effective development of the inner ear and the ability to mentally represent the tonal functions involved. Getting accustomed to learning and performing melodies without an instrumental accompaniment is, therefore, of utmost importance. Premature use of an accompaniment will barely stimulate a mental representation of the notation to be converted from a graphic melodic profile to a sung melody. When a melody is correctly performed in tune, singing with an accompaniment will become an

---

3   *Such a degree may, for example, assume a dominant function (when placed in the appropriate cadential point of a musical phrase) and tend to move a fifth below or a fourth above, or it may assume another function, thus leading to different possible degrees; it may be placed, for example, in such a point to be considered as a passing note, and thus be less relevant compared to other sounds, or it may assume a greater tension when emphasised by a chromaticism or another sound that will attribute it the function of a secondary dominant, etc.*

enriching experience: the accompaniment will not be seen as a sustenance or support upon which to lazily sing the melody but as an enrichment of the texture. It is important for an accompaniment not to double the melody but instead to propose contrasting elements to the melodic line. At a more advanced level, the accompaniment can outline a contrasting melodic line to the one sung. In some cases – perhaps where there is difficulty exhaling or maintaining intonation – the accompaniment can prove a useful resource. Aligning the higher pitch of the harmony with the melody will guarantee an effective support to intonation; generally, for this purpose, it is better not to harmonise by playing pitches higher than the melody.

Singing in group and individually

Singing should be preferably undertaken in a group, which is the expression of a variety of individual abilities and competences. Such heterogeneity will guarantee – for each individual – the most effective stimuli in favour of the development of personal abilities. By experiencing a positive mood within a constructive and encouraging environment, each member of the group – permeated by a cooperative attitude – will contribute to creating a stimulating context for highly motivational activities: in this regard, each member learns from the group being part of the group. At a further stage, when the student has reached the ability to perform autonomously, it will be possible to begin specific training to improve individual skills. This practice, however, should not replace group activity, which, within its formative itinerary, will uncover new frontiers, safeguarding the principles of a socialised education and its intrinsic values. The students will then be able to focus on a detailed study of areas already experienced in the group, thus improving their individual abilities.

Some Teaching Directions

Before singing the melodies contained in this volume, it is important to undertake some vocal warming-up activities, taking care to practise the last exercises in the same key in which the melodies will be sung. When proposing the key in which to sing the melodies, the average vocal extension of the group should be taken into consideration to allow everyone to sing without effort. In this regard, melodies on a stave can be performed in different keys other than those specified: by singing with sol-fa syllables this process can be undertaken with no effort[4]. Above each melody, the melodic system used therein is specified[5]: after warming up and before singing the melodies, it is important to sing short motifs related to those specified notes within the implied melodic

---

4   *The group should always be aware of any key changes proposed for melodies on a stave.*

5   *The melodic system (the set of sol-fa syllables utilised) appears on the right side above the first line of each melody.*

system (see Table of Motivs at page xxix). Breathing signs, marked as ['] should be observed. It is not strictly necessary to respect the specified breathing indications: other solutions are certainly possible, according to practical and performing needs. Deciding where to breathe encourages the students to analyse the melody: a breath sign can be placed at the beginning of a phrase, or before a motif[6] contained therein. It can also be used to highlight a performing nuance, to articulate, to attribute a specific character, or for technical reasons (for example, to favour a wide leap between two sounds, etc.). It is of the utmost importance to determine all breathing points prior to singing, and to respect them during performance.

Singing a melody in different ways helps to increase awareness in relation to tonal functions. In this respect, the use of solmisation will help with building an effective and connective network between notation and mental representation of all implied sounds, favouring the transformation of a written melodic profile into a substantial, physical and meaningful series of sounds by means of conscious involvement. To abstract the solmisation imagining it underlying while singing, apparently excluded, is a purpose always to be kept in consideration. An approach to favour such a condition is to systematically sing each melody in many different ways. Initially singing with sol-fa syllables and successively replacing them with a neutral syllable (ma, mo, la, etc.) will develop the inner ear, thus favouring a mental representation of the tonal model revealed by the solmisation system. Another effective practice consists of singing phrases or shorter motifs (see footnote 6) and alternating between the loud and the inner voice. Combining other activities with singing, such as clapping the beat or an ostinato, will further improve the inner ear and control for a deep coordination. Some effective ways to take into consideration while aiming to improve competence and control when singing a melody can be found below (See 'List of Activities). There are various ways to accompany the students in their learning process and make them aware of how to deal with specific objectives, nevertheless, the diversification of the activities for the assigned melodies will provide a further improvement in favour of a stimulating and instructive learning process.

As previously seen, each chapter introduces a new melodic system; the melodies[7] are initially presented in open-field and subsequently on the stave. Among the possible educational routes, for example, the open-field melodies can be tackled at first and, once the melodies on the stave are reached, the following chapter's open-field melodies can be contextually undertaken. Students will then be handling two different sections of this book at the same time. The number of melodies assigned from each section should comprise more from the previous of the two, from which – once completed - the students will move to a melody that is two sections ahead. Another

---

6   *In this case, the term 'motif' indicates a short musical figuration, a constituent element of the musical phrase, and not a combination of the sol-fa syllables that are part of the melodic systems introduced at every chapter, as specified further ahead.*

7   *From chapter 2, melodies with melodic systems previously introduced are systematically repurposed.*

important point to be taken into consideration is to diversify activities as soon as possible by systematically introducing new follow-up activities.

Among all possible activities, an effective lesson could include the following:

I.   Singing the assigned melodies for the lesson.

II. Sight-singing the new melodies that will be assigned for the next lesson.

III. Going over melodies already assigned from past lessons.

IV. Further developing melodies already assigned from past lessons.

To sharpen skills and achieve deep control and coordination, melodies sung in the past – possibly easier to tackle – can be undertaken while adding other elements which will densify the texture, such as singing while clapping a rhythmic ostinato, clapping the melody's rhythm as a canon while singing the melody (clapping should start at a suitable point to favour the best contrapuntal result: one can sing and clap as a canon or start clapping the rhythm and then start singing as a canon), or singing while clapping an independent rhythmic line (this can be a rhythm of another melody or song, or one especially composed by the teacher or the students). Performing from memory will guarantee considerable refinement of all needed abilities and improve control and coordination with external events. When the student feels comfortable with these practical activities, specific tasks can be assigned for further individual development.

List of Activities

Singing motifs

Motifs (see 'Table of Motifs', page xxix) are combinations of the melodic systems introduced at every chapter. The table at page xxix summarises the motifs to be used prior to singing the melodies. With regard to chapter 5, performing one single row of motifs, will guarantee a sufficient preparation. Motifs should be sung with long, well-shaped notes. Singing with sol-fa syllables and contextually showing hand signs[8] is highly recommended but will not always be comfortable when singing melodies. Motifs should be sung before attempting to sing the melodies.

Motifs can be sung - among the panoply of alternatives - in the following ways:

---

8   *Refer to John Curwen and Zoltán Kodály for more details about the development and the modern use of hand-signs.*

1. The teacher sings a motif with sol-fa and hand signs – the class repeats by imitation.

2. The teacher sings the first syllable showing hand signs then continues only with hand signs – the class sings back the entire motif with sol-fa and hand signs.

3. The teacher sings the first sol-fa syllable showing hand signs and continues singing a neutral syllable, without hand signs – the class sings back the entire motif showing hand signs.

4. The teacher plays a motif on an instrument – the class sings back the entire motif showing hand signs.

5. A single motif can be chosen, or a series of motifs can be written out and labelled (A, B, C etc.): the teacher claps a rhythmic pattern – the class sings each motif back with sol-fa syllables in the given rhythm.

   a. At a further stage, while clapping a rhythmic pattern, the teacher indicates which motif the class will have to sing back, then keeps switching to a new motif.

   b. At another stage, after the teacher claps a rhythmic pattern, a student performs a personally chosen motif with a neutral syllable and the class repeats the motif with sol-fa syllables.

6. The teacher sings a motif with sol-fa and hand signs – the class repeats, singing the letter names and hand signs.

7. The teacher sings the first syllable with hand signs and continues without hand signs, singing with a neutral syllable – the class repeats singing the letter names and hand signs.

8. The teacher plays a motif on an instrument – the class repeats, singing the letter names.

Motifs, as preparation for polyphonc singing, can be sung in the following ways:

1. The teacher sings a motif with sol-fa and hand signs – the class repeats by imitation, with the teacher singing a pedal note.

2. The teacher sings a motif with sol-fa and hand signs – the class repeats by imitation, with the teacher singing a second homo-rhythmic[9] melodic line.

3. The teacher sings a pedal note with a neutral syllable while showing the motif

---

9   *The motifs should be sung as the higher of the two voices.*

                                GA 16023

using hand signs – the class sings back the motif with sol-fa syllables while show-ing the hand sign for the pedal note.

4. The teacher sings a motif with a neutral syllable while showing a pedal note with hand signs – the class sings back the pedal note while showing the motif with hand signs.

5. The teacher sings a motif with a neutral syllable while showing the hand signs for a second homo-rhythmic melodic line – the class sings back the second ho-mo-rhythmic melodic line with sol-fa syllables while showing the hand signs for the motif.

Singing Melodies

Singing melodies can be done in the following ways:

1. With sol-fa syllables
2. With a neutral syllable (ma, mo, lu, etc.)
3. Singing the rhythm syllables
4. Singing inwardly

Each melody should systematically be sung twice, the first time by always using sol-fa syllables and the second time by using a neutral syllable or the rhythmic syllables of the patterns and du-rations involved. Singing the second time should be done seamlessly, as if following the directions of a repeat sign. Inner singing should also be practised.

When the melody flows with slow notes, then showing hand-signs can be considered: in this case, the two ways for singing could be the following:

A. Sing with sol-fa syllables while clapping the pulse.
B. Sing with a neutral syllable while showing hand-signs.

Nevertheless, showing hand signs will not be practicable for most of the melodies, therefore, the following way may be applied:

A. Sing with sol-fa syllables while coordinating a second task.
B. Sing with a neutral syllable while coordinating a second task in contrast to the previous one.

Some tasks to be tackled while singing, include:

- Clapping the pulse
- Clapping the metric pulse[10]
- Clapping a rhythmic ostinato
- Conducting
- Clapping the melody's rhythm as a canon (clap after singing)
- Clapping the melody's rhythm and singing as a canon (sing after clapping)
- Clapping an independent rhythm of the same length of the melody

Coordination skills will develop gradually, therefore it is important not to demand a control higher than that expressible: when singing in mode A (the first of the two times), requiring to clap the pulse, or the metric pulse, may be sufficient to guarantee that most of the attention will be devoted to intonation. The requests for how to sing in mode B can vary and flourish in relation to the group's ability, although the main objective will always have to be intonation. Diversifying the proposals will remarkably favour the development of coordination, therefore, when practising and assigning a group of melodies – while mode A will be performed in the same way – mode B could be different for each melody.

If the use of rhythm syllables has been introduced, mode B can occasionally be performed by singing the rhythm syllables[11]. In this case, coordination must involve clapping the pulse, the metric pulse or conducting.

Singing inwardly and performing from memory are also important practices to constantly propose.

Among the innumerable ways for practising inward singing, some effective ones are:

- Sing a specific note loudly while mentally singing the others. For example, in the case of a melody composed by the notes 's m d', the note 'm' can be chosen as the one to be sung loudly while singing the others mentally.
- After dividing the class into as many groups as there are notes in the melody, each group is assigned a note. All groups will perform the melody, each of them

---

10   *The metric pulse should coincide with the beginning of the measure thus, in 4/4, would recur every four quarter-note beats.*

11   *Rhythm syllables are a powerful tool for internalising durations and, especially, rhythmic patterns. There are several systems of rhythm-syllables and the teacher may adopt one according to his/her own personal choice. Nevertheless, we strongly recommend adopting one of these systems throughout this and the following levels.*

singing their assigned note at the required time.

- Singing one phrase loudly and the following one inwardly. This practice will favour the identification of phrases in the melody; an effective preparatory activity is to sing – always loudly – alternating phrases in two or more groups.

Singing from memory

Among the innumerable ways to sing from memory, some effective ones are:

1. The teacher or a student sings a phrase – the group repeats from memory. Each repetition should be attempted once, seamlessly passing to the next phrase. Repetition from memory can be performed with sol-fa syllables, neutral syllables or rhythm syllables. In this case, it is recommendable not to require the coordination of a second task, allowing the group to focus only on memorisation.
2. The group sings a phrase and immediately repeats it from memory. This practice can be tackled in many ways, including:
   a. Singing a phrase and repeating it by looking away from the textbook and focusing on the teacher's direction.
   b. Singing a phrase and repeating with eyes closed.

Points 1. and 2. can be further developed singing two phrases together, without interruption. Subsequently, the entire melody can be tackled. At least one new melody should be performed from memory at each lesson. It is good practice to deal with melodies learned in previous lessons that are, in a way, familiar to the students.

While not requiring the coordination of a second task, diversification can include the following practice:

- Sing the first phrase with a neutral syllable – repeat with sol-fa syllables.
- Sing the first phrase with rhythmic syllable – repeat with sol-fa syllables.

Preparation for polyphonic singing

Preparation for polyphonic singing may include the following activity.

- A two-part melody is written down for the class to sight-sing. The melody may consist mainly of motifs, first with an added pedal and, subsequently, with a second homo-rhythmic part. The activity may include the following practices:

  a. The class sings the motif and repeats the second voice from memory.

  b. The class is divided into two groups, each of which is assigned a voice: both groups simultaneously perform their assigned voice – each group repeats from memory the voice sung by the other group.

     i. By reading the score while performing then looking away when repeating, focusing on the teacher's direction.

     ii. By reading only the assigned part while performing and listening to the other group, then repeating the other group's part.

Examples

Fig. 1 shows an example of a motif in three different keys, in relation to the group's medium vocal range (meas. 1), high vocal range (meas 2) and low vocal range (meas 3).

Fig. 1

Fig. 2 shows an example of two motifs - to be conducted with hand-signs -with a pedal note (meas 1) and with a slight melodic movement in the lower part (meas 2).

Fig. 2

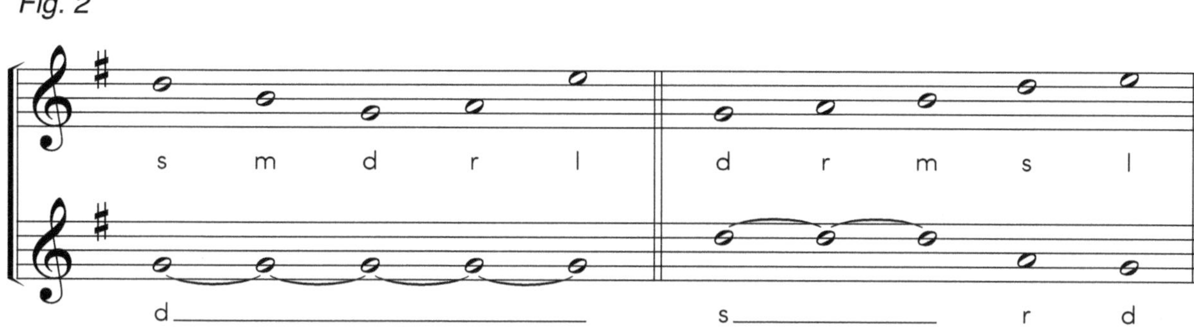

  GA 16023

Fig. 3 shows an example - to be conducted with hand-signs - of an extended motif (in the upper part) with a second homo-rhythmic melodic line.

Fig. 3

All melodies built on 's m' and 's m d' are suitable to be performed as a canon. In some cases, (such as for melodies composed with s m d), canons can be effectively performed by three voices.

Fig. 4 shows part of melody no. 16 as a two voice canon.

Fig. 4

Fig. 5 shows part of melody no. 87 as it should be sung with rhythm syllables.

Fig. 5

PREFAZIONE

Un esauriente programma formativo deve prevedere tutti gli ambiti nei quali le abilità e competenze si possano sviluppare. Tali ambiti risiedono in due principali categorie, costituite dalle abilità musicali e dalle abilità strumentali. 'Music Method Project' (MusMP) comprende il 'Musicianship Method Project' (MMP), relativo allo sviluppo delle abilità musicali e vari 'Method Projects' relativi allo sviluppo delle abilità strumentali (come, ad esempio, Piano Method Project, etc).

Sebbene - a seguito dello studio di uno strumento - le abilità musicali tenderanno ad uno spontaneo sviluppo, un programma formativo delle abilità musicali, scientificamente ideato e sistematicamente applicato, si rivelerà condizione fondamentale ad un eccellente progresso dello studio strumentale.

La pratica del canto è, tra le attività formative delle abilità musicali, quella maggiormente efficace. Cantare per intonazione, affidandosi all'abilità di rappresentare mentalmente - secondo un processo consapevole - la veste sonora da attribuire ad un profilo melodico, è tra i più importanti (se non il più importante) obiettivi da perseguire. Il canto per intonazione dovrebbe iniziare prima di affrontare lo studio di uno strumento e svilupparsi attraverso i più alti livelli di comprensione delle strutture musicali. Secondo tale prospettiva, la pratica del canto dovrebbe iniziare quanto prima e, auspicabilmente, mai giungere ad un termine. In conseguenza a tale presupposto, si può intendere lo studio di uno strumento come una sorta di specializzazione che potrà svilupparsi poggiando su un solido caposaldo, qual'è l'insieme delle abilità musicali.

MMP comprende varie aree di sviluppo (development areas), nell'ambito delle quali possono essere affrontate attività diverse: quanto più le attività proposte saranno diversificate, tanto più efficace sarà lo sviluppo delle abilità e delle competenze. Come conseguenza, il contrasto tra varie attività stimolerà l'interesse dello studente, che si tradurrà in un maggior coinvolgimento emotivo, un più alto grado di partecipazione e un atteggiamento più dinamico.

In MMP, le Aree di Sviluppo (Development Areas) sono:

- Note Reading (Lettura della Notazione)
- Rhythmic Development (Sviluppo Ritmico)
- Listen and Sing (Ascolto e Intonazione)
- Singing in Tune (Lettura Intonata)
- Melodic Improvisation (Improvvisazione Melodica)
- Melodic Composition (Composizione Melodica)
- Polyphonic Singing (Canto Polifonico)

Un programma che consideri il principio della differenziazione, vedrà lo studente gestire simultaneamente attività derivanti da diverse aree di sviluppo.

Malgrado sia indubitabilmente importante affrontare varie attività appartenenti ad aree differenti, ogni nuova area di sviluppo dovrebbe essere introdotta gradualmente.

Nell'ambito di MMP, 'Singing in Tune' dovrebbe essere costantemente affrontato: le altre aree di sviluppo potranno essere introdotte a discrezione dell'insegnante, in relazione all'attitudine degli studenti, le loro necessità, le aspettative e così via.

INTRODUZIONE

Questo libro contiene 142 melodie, organizzate e proposte secondo criteri che - sviluppatisi in molti anni di lavoro e sperimentazione - si sono rivelati modello affidabile in un percorso formativo diretto allo sviluppo dell'intonazione per lettura. Ogni capitolo, in cui è presentato un nuovo set melodico[1], è suddiviso in due sezioni: melodie scritte senza l'uso del pentagramma, combinando le sillabe di solmisazione ad una linea ritmica e melodie su pentagramma. D'ora in avanti le melodie scritte senza l'uso del pentagramma, combinando le sillabe di solmisazione ad una linea ritmica, saranno dette melodie in 'campo aperto'.

Le melodie in questo libro possono essere cantate con il sistema di solmisazione 'Tonic sol-fa' (anche noto come do mobile): le sillabe di solmisazione esprimono i gradi della scala diatonica del modello tonale dove la sillaba do rappresenta la tonica del modo maggiore indipendentemente dalla tonalità espressa. Le sillabe do re mi fa sol la si (ti) sono abbreviate in: d r m f s l t. A questo livello, le sillabe sono introdotte gradualmente, formando varie strutture pseudo-pentatoniche che rappresenteranno le fondamenta da cui scoprire - in modo consapevole - il sistema tonale.

La scrittura in campo aperto offre la possibilità di intonare le melodie con maggiore facilità: lo studente potrà focalizzare la propria attenzione sulla proprietà semantica che ogni suono possiede in relazione alla funzione assunta nell'ambito della tonalità, disimpegnandosi dalla lettura della notazione su pentagramma. Non appena l'intonazione si sarà rafforzata e le melodie saranno cantate in modo scorrevole e sicuro, si potranno contestualmente affrontare le melodie su pentagramma. Il pentagramma è introdotto gradualmente, dapprima come sistema con una linea (monogramma), in grado di rappresentare suoni fino ad un intervallo di terza, poi di due e tre linee (bigramma e trigramma). Nel quinto capitolo è introdotta la chiave, proponendo le melodie in tonalità definite; a questo livello le tonalità non sono ancora dichiarate con l'armatura in chiave, bensì poste in evidenza dall'uso in itinere delle alterazioni: questa scelta è stata adottata per favorire una costante visualizzazione dei suoni assoluti[2] appartenenti ad ogni specifica tonalità in cui la melodia è sviluppata. Tramite l'uso della solmisazione, lo studente avrà l'opportunità di nominare in modo univoco ogni funzione tonale, indipendentemente dalla tonalità in cui si trova.

Orecchio Assoluto e Orecchio Relativo

L'uso della solmisazione svilupperà considerevolmente l'orecchio relativo: lo studente potenzie-

---

1   *Con la definizione 'set melodico' s'intende descrivere l'insieme delle funzioni melodiche rappresentate dalle sillabe di solmisazione - più avanti specificate - presentate ad ogni capitolo..*

2   *Un suono assoluto è contraddistinto da una nota il cui nome è immutabilmente abbinato ad una specifica frequenza, indipendentemente dalle proprietà semantiche che possano essere rappresentate.*

rà l'abilità di individuare le diverse sfumature attinenti ad ogni grado della struttura melodica tonale, intercettando le intrinseche proprietà tonali implicate. Vi sono vari gradi di sviluppo dell'orecchio relativo, determinati dalla profondità di comprensione della struttura melodica e armonica implicate, nonché dallo stile espresso. In riferimanto alla musica tonale, l'uso della solmisazione svilupperà il presentimento della direzione verso cui una melodia può tendere, in relazione alla forza propulsiva che ogni singolo grado tonale esprime, piuttosto che l'abilità di intonare un preciso intervallo: saper cantare, ad esempio, un certo intervallo, non conferisce automaticamente l'abilità di intonare quello stesso intervallo in ogni possibile contesto. La musica tonale rivela precise gerarchie, evidenti nelle funzioni espresse tra i vari gradi; esse sono percepite come elementi capaci di generare l'attesa per una particolare direzione di moto e di punto d'approdo che ciascuno di questi gradi alimenta all'interno di un profilo melodico. Captare le forze attrattive e stabilizzanti lungo il discorso musicale è uno degli obiettivi fondamentali per lo sviluppo dell'orecchio relativo.

Un particolare grado melodico potrà condurre in una direzione piuttosto che un'altra a seconda di molti fattori, e le variabili in gioco ne attribuiranno una particolare dimensione percettiva[3]. Saper cantare un quinto grado melodico provenendo da un secondo grado non avverrà tanto per la capacità di intonare un intervallo di quarta ascendente (o quinta discendente), bensì perché - consapevoli dell'entità di quel particolare grado, del contesto in cui è incluso, le peculiarità della dimensione tonale che lo contraddistinguono (la funzione armonica sottesa, la posizione nell'ambito della frase melodica e rispetto al metro, l'intrinseca forza propulsiva verso particolari gradi d'approdo) - si potrà presentire l'affetto, il sapore, del suono di destinazione. Secondo questa accezione, lo sviluppo dell'orecchio relativo si rivela essere un fondamento alla comprensione del linguaggio musicale, presupposto che anche chi possiede un orecchio assoluto deve poter acquisire. L'esercizio di intonazione pura di intervalli è, nondimeno, una pratica importante da considerare, specialmente per favorire una diversificazione delle attività lungo un itinerario formativo.

Canto con accompagnamento

Cantare senza l'accompagnamento di uno strumento contribuisce ad un efficace sviluppo dell'orecchio interno e della capacità di rappresentare mentalmente le funzioni tonali implicate. É pertanto importante apprendere ed eseguire le melodie senza un accompagnamento strumentale: un accompagnamento proposto prematuramente stimolerà scarsamente lo studente a

---

3   *Esso potrà, ad esempio, assumere una funzione di dominante (quando posto in un punto della frase appropriato a favorire lo sviluppo di una cadenza) e tendere a dirigersi una quinta sotto o una quarta sopra, o potrà assumere altre funzioni, tendendo così verso altri possibili gradi: potrebbe essere collocato, ad esempio, in un punto tale da essere considerato come suono di passaggio, assumendo così un ruolo di minor rilievo rispetto ad altri suoni, ad esso adiacenti, o potrebbe esprimere una maggior tensione quando enfatizzato da un cromatismo o dal ruolo di un altro suono che ne attribuirà la funzione di dominante secondaria, etc.*

rappresentare interiormente la veste sonora da attribuire ad un profilo melodico. Quando una melodia sarà intonata correttamente, cantare con un accompagnamento diverrà un'esperienza arricchente: in questo senso l'accompagnamento non sarà visto come un sostegno, un appoggio su cui erigere pigramente l'esecuzione cantata, bensì come un addensamento della testura. Durante l'accompagnamento è importante non raddoppiare la melodia cantata proponendo invece elementi tematici di contrasto. Ad un livello più avanzato, l'accompagnamento può proporre una linea melodica in contrapposizione al profilo melodico cantato. Nei casi di difficoltà di emissione e d'intonazione, l'accompagnamento può rivelarsi utile risorsa: allineando la parte superiore dell'armonia con la melodia si garantirà un appoggio atto ad agevolare l'intonazione; generalmente, è meglio non armonizzare superando in altezza la nota cantata.

Canto in gruppo e canto individuale

Il canto per intonazione va appreso preferibilmente in gruppo, espressione di una varietà di abilità e competenze individuali. Tale eterogeneità offre - ad ogni soggetto – i più efficaci stimoli a favore dello sviluppo delle abilità individuali. Col sostegno di un clima di lavoro positivo, ogni membro del gruppo - pervaso da uno spirito di cooperazione - eserciterà una partecipazione attiva, alimentando il contesto per cui il singolo apprende dal gruppo facendo parte del gruppo. In un secondo momento, quando lo studente avrà maturato una propria autonomia e abilità per esporsi singolarmente, sarà possibile iniziare un percorso di sviluppo delle abilità e competenze individuali. Lo studio individuale non dovrebbe sostituire l'esperienza di gruppo, ma aggiungervisi: il gruppo, nel suo percorso, sarà anticipatore di nuove frontiere, garantendo un apprendimento socializzato secondo i valori intrinseci che lo contraddistinguono. L'esperienza individuale sarà quindi caratterizzata da un processo di affinamento, approfondimento e rielaborazione rispetto ad aree già affrontate dal gruppo.

Alcune Indicazione Didattiche

Prima di intonare le melodie di questo volume, è importante svolgere alcune attività di riscaldamento, avendo cura di effettuare le ultime attività nella tonalità in cui le melodie saranno cantate. La scelta della tonalità proposta per l'intonazione delle melodie deve tenere in considerazione l'estensione vocale media del gruppo, consentendo a tutti di poter cantare senza particolari difficoltà d'emissione. A tal proposito, le melodie su pentagramma possono essere eseguite in tonalità diverse da quelle indicate: cantando in solmisazione, questo processo non pone alcuna difficoltà di realizzazione[4]. Dopo le attività preparatorie e prima di cantare le melodie, è importante

---

4   *Il gruppo dovrebbe sempre essere reso consapevole di ogni cambio di tonalità proposto per le melodie su pentagramma.*

intonare i motivi relativi ad ogni set melodico implicato, specificati[5] prima di ogni melodia (vedi Tavola dei Motivi, pag. xxix). Durante l'esecuzione è necessario porre attenzione ai respiri, indicati dal segno [']. Non è strettamente necessario rispettare le indicazioni specificate: altre soluzioni sono certamente possibili, a seconda delle esigenze pratiche e interpretative. Individuare il punto d'inserimento di un respiro stimola l'analisi del brano: un respiro può essere posto all'inizio di una frase o tra i motivi[6] che la compongono; può essere utilizzato per una scelta interpretativa, per inserire un'articolazione, per favorire un particolare carattere espressivo, per esigenze tecniche (come per favorire un salto tra due suoni particolarmente distanti, etc.). È di fondamentale importanza stabilire anticipatamente il punto in cui i respiri saranno eseguiti, rispettando poi le scelte effettuate.

Cantare una melodia in diversi modi contribuisce ad accrescere la consapevolezza rispetto alle funzioni tonali. In questa direzione, la solmisazione fornisce un'efficace griglia connettiva tra notazione e pensiero, contribuendo a tramutare in corpo sonoro un profilo melodico, per mezzo di un'emissione consapevole. Astrarre la solmisazione sino a renderla sottesa, apparentemente esclusa, è un proposito da mantenere sempre in considerazione. Una maniera per alimentare questo progresso risiede nel cantare più volte, sistematicamente e in modi diversi, ogni melodia. Cantare dapprima con le sillabe di solmisazione e successivamente senza, sostituendole con una sillaba neutra (ma, mo, lu, etc.), svilupperà l'orecchio interno e la facoltà di rappresentare mentalmente il modello tonale che la solmisazione esprime. Un'altra pratica efficace consiste nell'alternare l'esecuzione intonata di frasi o brevi motivi col canto interiore. Abbinare contestualmente all'intonazione un'attività di sincronizzazione, come la scansione della pulsazione, l'esecuzione di un ostinato ritmico etc, svilupperà ulteriormente queste abilità. Alcuni modi per affrontare le melodie - da tenere in considerazione nell'obiettivo di incrementare le competenze e il controllo durante l'esecuzione - sono illustrati più avanti (vedi 'Lista delle attività). Vi sono vari modi di ideare un itinerario per l'apprendimento delle melodie contenute in questo libro; ciononondimeno, la diversificazione delle attività e del materiale affrontato forniranno una spinta efficace a favore di un percorso stimolante e istruttivo.

Come già visto, ogni capitolo presenta una nuovo sistema melodico (set melodico): le melodie[7] sono proposte dapprima in campo aperto e successivamente su pentagramma, o sue porzioni. Tra i possibili itinerari, ad esempio, si potranno affrontare dapprima le melodie in campo aperto e, una volta giunti alle melodie su pentagramma, si inizieranno contestualmente le melodie in

---

5   *Il set melodico (il sistema di sillabe di solmisazione utilizzate) appare a destra sopra la prima linea di ogni esercizio.*

6   *In questo caso, il termine 'motivo' indica una breve elemento strutturale della frase musicale, e non una combinazione delle sillabe di solmisazione che costituiscono i set melodici presentati ad ogni capitolo, come illustrato più avanti.*

7   *A partire dal capitolo 2, le melodie composte su sistemi melodici precedentemente introdotti sono sistematicamente riproposte.*

campo aperto del capitolo successivo. La sezione anteriore, una volta completata, sarà sostituita dallo studio della sezione successiva a quella ancora attiva, e così di seguito. Gli studenti si ritroveranno quindi ad affrontare simultaneamente due diverse sezioni di questo libro. Il numero delle melodie assegnate per ogni sezione dovrebbe essere maggiore nella prima delle due in esame. Non appena possibile, sarà importante diversificare ulteriormente le proposte operative, introducendo, con una certa sistematicità, attività di rielaborazione e approfondimento.

Tra le varie possibili attività, un efficace modello di lezione potrebbe includere:

I. Cantare le melodie assegnate per la lezione.
II. Cantare a prima vista le melodie che saranno assegnate per la lezione successiva.
III. Cantare estemporanea melodie già affrontate in passato.
IV. Sviluppare ulteriormente melodie già affrontate in passato.

Per acquisire una più profonda coordinazione e controllo, le melodie già affrontate in passato potranno essere rielaborate con l'aggiunta di elementi che ne addensino la testura, come ad esempio cantare battendo contemporaneamente un ostinato ritmico, battendo il ritmo a canone (il canone dovrebbe iniziare in un punto appropriato, per favorire il miglior risultato contrappuntistico; è possibile cantare battendo il ritmo della melodia a canone o cantare la melodia a canone sul ritmo), o cantare battendo un ritmo indipendente (questi potrà essere il ritmo di un'altra melodia o essere appositamente realizzato dall'insegnante o dagli studenti). L'esecuzione a memoria garantirà inoltre l'affinamento delle abilità acquisite e uno sviluppo della coordinazione con eventi esterni. Non appena lo studente si sentirà in equilibrio con le attività proposte, potrà intraprendere un programma di approfondimento e studio individuale.

Lista delle Attività

Intonazione dei motivi

L'intonazione dei motivi (vedi 'Tavole dei Motivi', pag. xxix) dev'essere effettuata cantando note lunghe, vocalmente ben modellate. Cantare utilizzando contestualmente la chironomia[8] è altamente indicato: poiché non sarà sempre di comodo uso quando abbinata alle melodie, se ne raccomanda la pratica regolare durante l'intonazione dei motivi, prima di affrontare le melodie.

---

8   *Per un approfondimento sullo sviluppo e l'uso moderno della chironomia si faccia riferimento a John Curwen e Zoltán Kodály.*

I motivi possono essere cantati – tra le possibili alternative – nei seguenti modi:

1. L'insegnante canta un motivo in solmisazione con chironomia associata – la classe ripete per imitazione.

2. L'insegnante canta la prima sillaba mostrando la chironomia, poi prosegue solo con la chironomia, cantando interiormente il motivo – la classe canta l'intero motivo in solmisazione con chironomia.

3. L'insegnante canta la prima sillaba, mostrando la chironomia ad essa associata poi prosegue intonando una sillaba neutra senza la chironomia – la classe canta l'intero motivo in solmisazione con chironomia.

4. L'insegnante suona un motivo ad uno strumento - la classe canta il motivo in solmisazione con chironomia.

5. Un singolo motivo può essere selezionato o una serie di motivi possono essere scritti alla lavagna e contrassegnati (A, B, C, etc.): l'insegnante batte un pattern ritmico - la classe canta ciascun motivo sul ritmo dato.

    a. Ad un livello più avanzato, l'insegnante - durante l'esecuzione del pattern ritmico da abbinare a vari motivi - indicherà quale motivo la classe dovrà cantare, passando ininterrottamente ad un nuovo motivo.

    b. Ad un ulteriore livello, dopo che l'insegnante avrà eseguito un pattern ritmico, uno studente eseguirà, con una sillaba neutra, un motivo scelto personalmente e la classe ripeterà il motivo con le sillabe di solmisazione.

6. L'insegnante canta un motivo in solmisazione con chironomia - la classe ripete cantando i suoni assoluti associando la chironomia.

7. L'insegnante canta la prima sillaba con chironomia poi prosegue con una sillaba neutra senza chironomia - la classe ripete cantando i suoni assoluti associando la chironomia.

8. L'insegnante suona un motivo ad uno strumento - la classe ripete cantando i suoni assoluti associando l chironomia.

I motivi, in preparazione al canto polifonico, possono essere affrontati nei seguenti modi:

1. L'insegnante canta un motivo in solmisazione con chironomia – la classe ripete per imitazione mentre l'insegnante intona una nota pedale.

2. L'insegnante canta un motivo in solmisazione con chironomia – la classe ripete

per imitazione mentre l'insegnante intona una seconda, omoritmica[9], linea melodica.

3. L'insegnante intona una nota pedale con una sillaba neutra mostrando la chironomia di un motivo – la classe canta il motivo in solmisazione mostrando la chironomia della nota pedale.

4. L'insegnante intona un motivo con una sillaba neutra mostrando la chironomia di una nota pedale – la classe canta la nota pedale in solmisazione mostrando la chironomia del motivo.

5. L'insegnante intona un motivo con una sillaba neutra mostrando la chironomia di una seconda linea melodica omoritmica – la classe canta la seconda linea melodica omoritmica in solmisazione mostrando la chironomia del motivo.

Intonazione delle melodie

Le melodie possono essere cantate nei seguenti modi:

1. Con le sillabe di solmisazione

2. Con una sillaba neutra (ma, mo, lu, etc.)

3. Cantando le sillabe ritmiche

4. Col canto interiore

Ogni melodia dovrebbe essere sistematicamente cantata due volte, la prima utilizzando sempre le sillabe di solmisazione e la seconda utilizzando una sillaba neutra o le sillabe ritmiche relative alle cellule ritmiche e durate implicate. La seconda esecuzione dovrebbe iniziare senza soluzione di continuità, come rispettando l'indicazione di un ritornello. Il canto interiore dovrebbe inoltre essere regolarmente praticato.

Quando una melodia fluisce senza l'alternarsi di note in rapida successione, si può considerare l'uso associato della chironomia: in questo caso, i due modi indicati per cantare, potrebbero essere:

A. Cantare con le sillabe di solmisazione battendo contemporaneamente la pulsazione.

B. Cantare con una sillaba neutra e chironomia.

---

9   *I motivi dovrebbero essere cantati come la parte più acuta tra le due voci.*

Tuttavia, la chironomia non sarà efficacemente praticabile nella maggior parte dei casi, pertanto, si potrà adottare la seguente modalità:

A. Cantare con le sillabe di solmisazione coordinando una seconda attività.

B. Cantare con una sillaba neutra coordinando una seconda attività in contrasto con la precedente.

Alcune tra le attività da considerare per lo sviluppo della coordinazione, comprendono:

- Battere la pulsazione
- Battere la pulsazione metrica[10]
- Battere un ostinato ritmico
- Condurre
- Battere il ritmo della melodia a canone (eseguire il ritmo dopo aver iniziato a cantare)
- Battere il ritmo della melodia cantando a canone (cantare dopo aver iniziato ad eseguire il ritmo)
- Battere un ritmo indipendente della stessa lunghezza della melodia

Le abilità di coordinazione si svilupperanno gradualmente, pertanto è importante non richiedere un controllo eccessivo a quanto esprimibile: cantando nel modo A (la prima delle dua volte), richiedere agli studenti di battere la pulsazione o la pulsazione metrica può essere più che sufficiente a garanzia che l'attenzione sia indirizzata principalmente all'intonazione. Le richieste di coordinazione per il modo B possono variare e svilupparsi in relazione alle abilità del gruppo, sebbene l'obiettivo principale risieda sempre nell'intonazione. La diversificazione delle proposte svilupperà considerevolmente la coordinazione, pertanto, durante l'esercitazione e nel momento dell'assegnazione di un insieme di melodie - mentre il modo A sarà sempre eseguito alla stessa maniera - il modo B potrebbe essere diverso per ogni melodia.

La sillabazione ritmica, se introdotta, potrà - occasionalmente - essere praticata nel modo B intonando le sillabe ritmiche[11] incluse nelle melodie. In questo caso, si potrà abbinare la scansione della pulsazione, della pulsazione metrica o la conduzione.

---

10   *La pulsazione metrica dovrebbe coincidere con l'inizio della misura; pertanto, in 4/4, ricorrerebbe ogni quattro pulsazioni del valore di una quarto.*

11   *La sillabazione ritmica è uno strumento di straordinaria efficacia per l'interiorizzazione delle durate e, in special modo, delle cellule ritmiche. Esistono vari sistemi di sillabazione ritmica e ogni insegnante ne potrà adottare uno in accordo con le personali motivazioni. Ciononondimeno, se ne raccomanda caldamente l'uso, per questo livello e i livelli successivi.*

Il canto interiore e l'esecuzione a memoria sono, inoltre, attività importanti da proporre costantemente: apprendere a memoria una melodia ad ogni lezione, fornirà un contributo considerevole allo sviluppo dell'intonazione.

Alcuni, tra i vari modi efficaci per praticare il canto interiore, sono:

- Cantare una nota intonando le rimanenti interiormente. Ad esempio, nel caso di una melodia composta dalle node 's m d', la nota 'm' può essere selezionata come suono da cantare ad alta voce, mentre le rimanenti saranno cantate mentalmente.
- Dopo aver diviso la classe in tanti gruppi quante sono le diverse note che compongono la melodia, ad ogni gruppo viene assegnata una nota. Tutti i gruppi eseguiranno la melodia cantando - al momento appropriato - la nota assegnata.
- Cantare una frase a voce alta e la frase seguente interiormente. Questa attività favorirà l'identificazione delle frasi della melodia; un'efficace attività preparatoria consiste nel cantare frasi alternate tra due o più gruppi.

Canto a memoria

Alcuni, tra gli efficaci modi per apprendere una melodia a memoria, sono:

1. L'insegnante o uno studente canta una frase - il gruppo ripete a memoria. Ciascuna ripetizione dev'essere tentata una sola volta, passando immediatamente alla frase successiva. La ripetizione a memoria può essere eseguita con una sillaba neutra, con le sillabe di solmisazione, o con le sillabe ritmiche. È raccomandabile non richiedere la coordinazione di un secondo evento, permettendo al gruppo di concentrarsi esclusivamente sulla memorizzazione.
2. Il gruppo canta una frase ripetendola immediatamente a memoria. Questa attività può essere affrontata in vari modi, tra cui:
   a. Cantare una frase ripetendola, distogliendo lo sguardo dal testo, focalizzando l'attenzione sulla direzione dell'insegnante.
   b. Cantare una frase ripetendola ad occhi chiusi.

I punti 1. e 2. possono svilupparsi cantando due frasi consecutivamente; successivamente, si potrà cantare l'intera melodia. Si dovrebbe apprendere una nuova melodia a memoria ad ogni lezione. A questo scopo, una buona prassi consiste nell'affrontare melodie già acquisite in passato le quali, in un certo qual modo, potranno risultare familiari agli studenti.

Sebbene nell'apprendimento di una melodia a memoria non sia consigliabile la coordinazione di un secondo evento, secondo il principio di diversificazione si potranno considerare le seguenti prassi esecutive:

- Cantare la prima frase con una sillaba neutra - ripetere con le sillabe di solmisazione.
- Cantare la prima frase con le sillabe ritmiche - ripetere con le sillabe di solmisazione.

Preparazione al canto polifonico

La preparazione al canto polifonico potrà includere le seguenti attività mnemoniche:

- Una melodia a due parti, scritta alla lavagna, viene cantata a prima vista dalla classe. Alla melodia, preferibilmente costituita da motivi, viene aggiunta dapprima una nota pedale e, ad uno stadio più avanzato, una seconda parte omoritmica. L'attività potrà includere le seguenti modalità d'esecuzione:
  a. La classe canta il motivo ripetendo la seconda voce a memoria.
  b. La classe è divisa in due gruppi, ai quali sono assegnate le voci: i due gruppi cantano simultaneamente la parte assegnata, ciascuno ripetendo a memoria la parte cantata dall'altro gruppo.
    i. Leggendo la parte durante la prima esecuzione poi distogliendo lo sguardo durante la seconda esecuzione, focalizzando l'attenzione sulla direzione dell'insegnante.
    ii. Leggendo la sola parte assegnata durante la prima esecuzione focalizzando contemporaneamente l'ascolto sull'altro gruppo, ripetendone la parte ascoltata.

　　　　　　　　

Esempi

La fig. 1 mostra lo stesso motivo in tre tonalità differenti, in relazione ad un registro medio (mis. 1), acuto (mis. 2), e grave (mis. 3) del gruppo.

Fig. 1

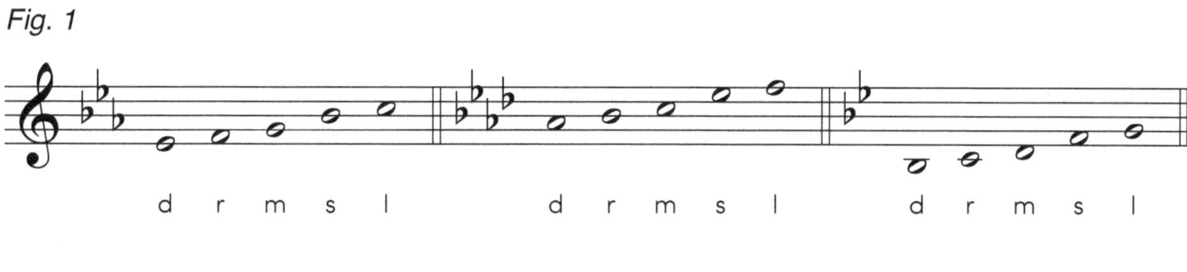

Nella fig. 3 è illustrato un esempio – da dirigere con la chironomia – di un motivo (parte superiore) contrapposto ad una nota pedale (mis. 1) e una seconda linea indipendente (mis. 2).

Fig. 2

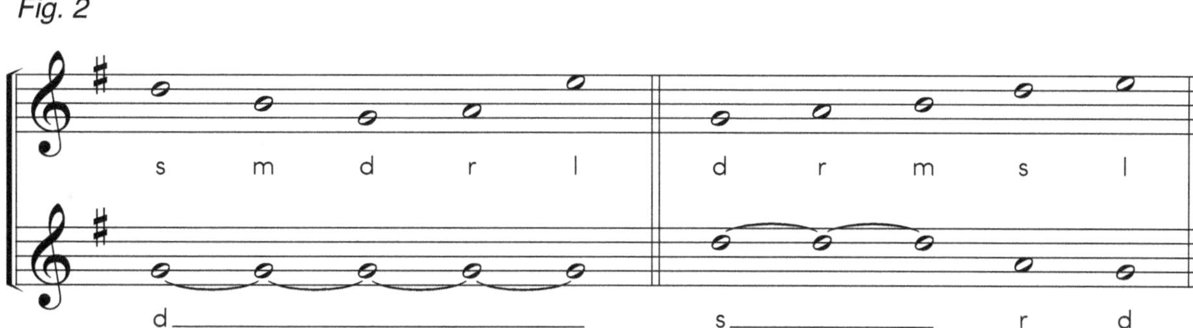

Nella fig. 3 è illustrato un esempio – da dirigere con la chironomia – di un motivo esteso (parte superiore) contrapposto ad una seconda, omoritmica, linea melodica.

Fig. 3

Tutte le melodie costruite su 's m' e 's m d' sono eseguibili a canone. In alcuni casi (come per le melodie con s m d) i canoni possono essere eseguiti a tre voci.

Nella fig. 4 è illustrata parte della melodia n. 16 cantata a canone a due voci.

Fig. 4

Nella fig. 5 è rappresentata parte della melodia n. 87 con la sillabazione ritmica.

Fig. 5

Table of Motifs - Tavola dei Motivi

Chapter 1 — Capitolo 1

s m	m s	s s	m m

Chapter 2 — Capitolo 2

s m l	s l m	m s l	m l s	l m s	l s m

Chapter 3 — Capitolo 3

s m d	s d m	d m s	d s m	m d s	m s d

Chapter 4 — Capitolo 4

m r d	m d r	d r m	d m r	r d m	r m d

Chapter 5 — Capitolo 5

l s m r d	l s m d r	d r m s l	d r m l s	m l s d r	m l s r d
s m d r l	s m d l r	m r d s l	m r d l s	l m s d r	l m s r d
s d m l r	s d m r l	m s l d r	m s l r d	d s m r l	d s m l r
s l m r d	s l m d r	r m d s l	r m d l s	m d r s l	m d r l s
s m l d r	s m l r d	m s d r l	m s d l r	d m r s l	d m r l s
d m s l r	d m s r l	m d s l r	m d s r l	r d m s l	r d m l s

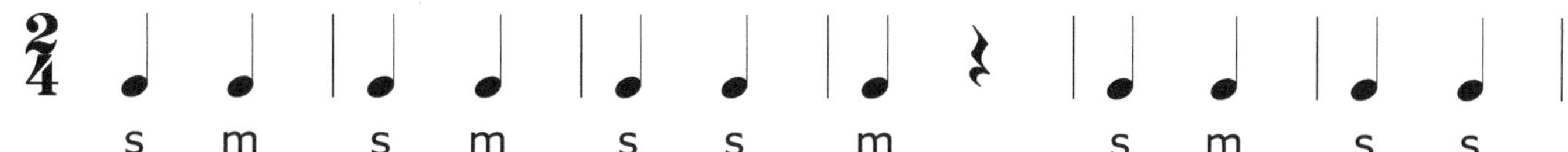
1
s m
2
4
s m s m s s m s m s s
m m s

2
s m
2
4
s s m m s s m s m s m
s s m

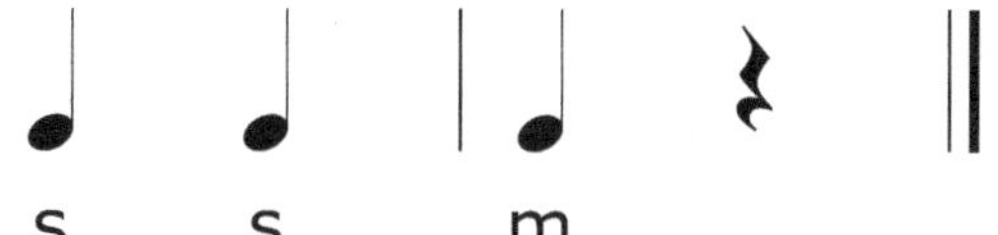

3
s m
2
4
s m s m s m s m s s s m s m

4 s m

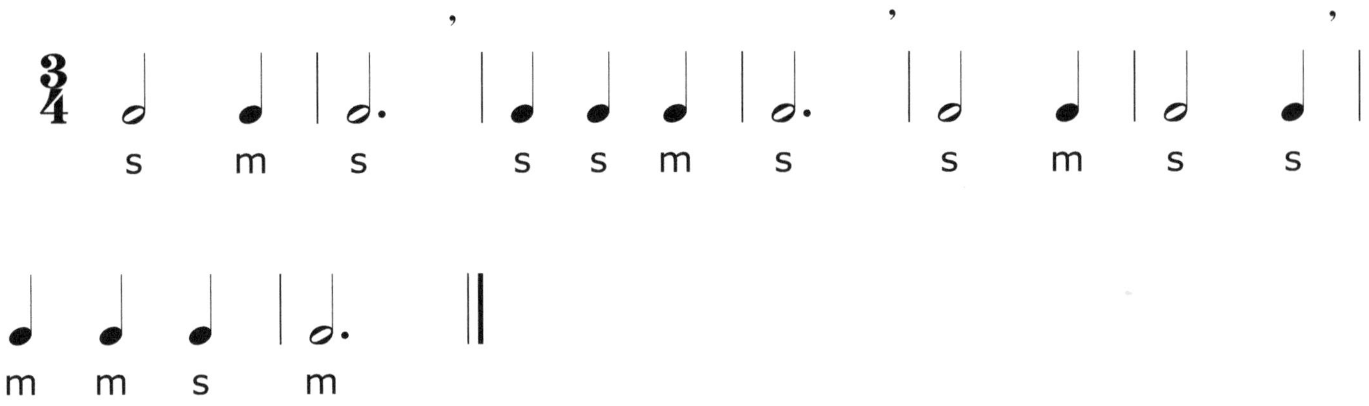

3/4

s m s s s m s s m s s

m m s m

5 s m

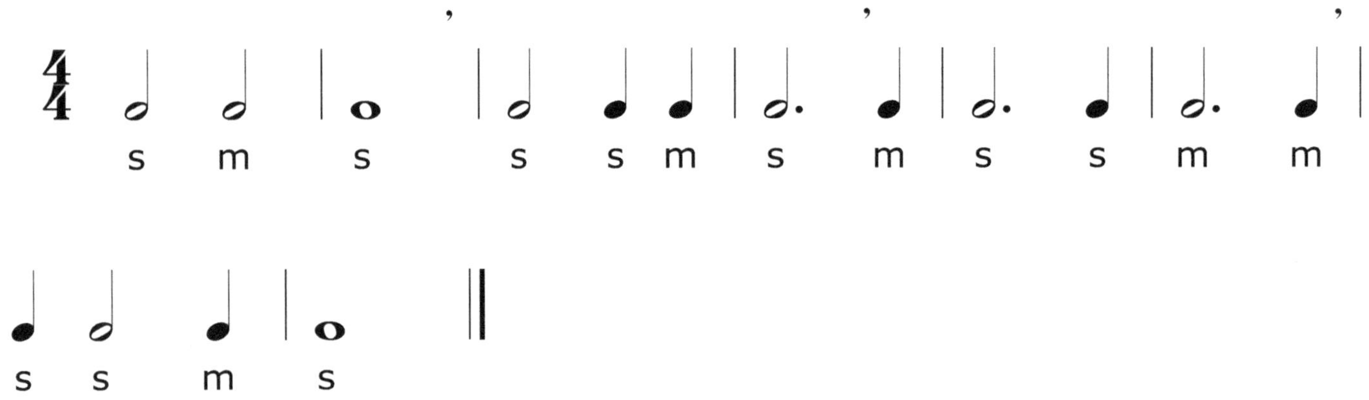

4/4

s m s s s m s m s s m m

s s m s

6 s m

6/8

s m s s s m s s m m s

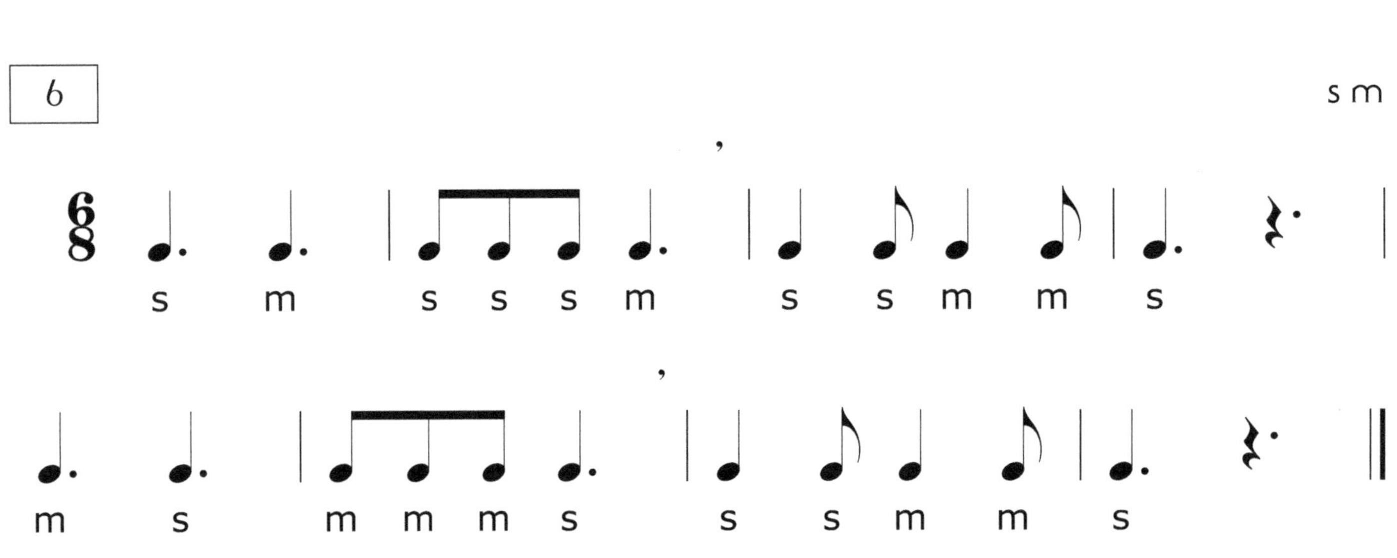

   GA 16023   © 2019 - GA music

7

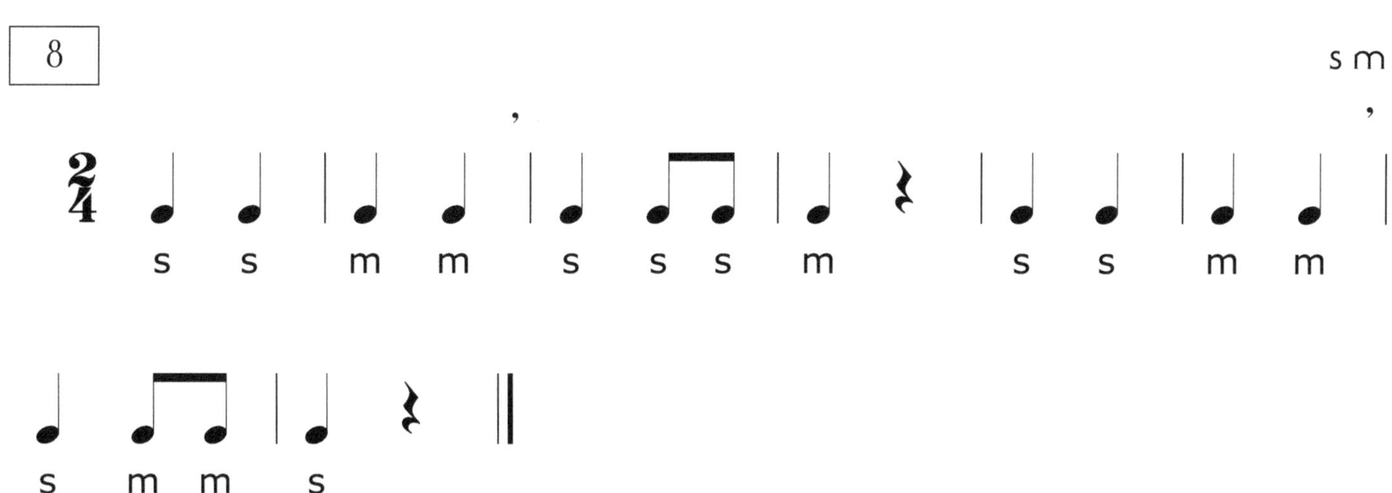

8

9

10 s m

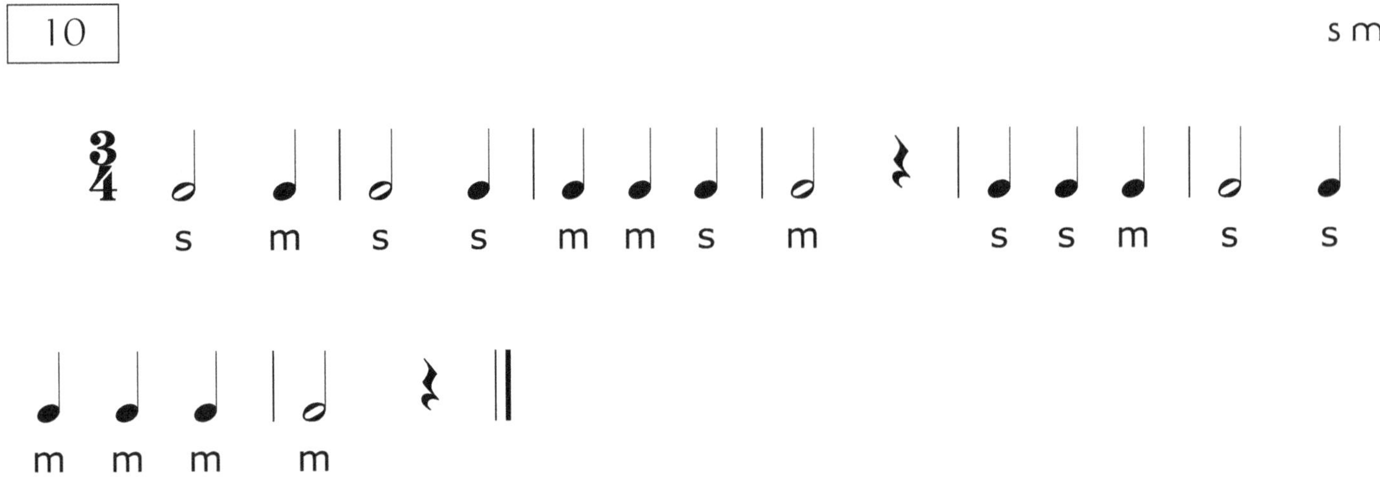

11 s m

12 s m

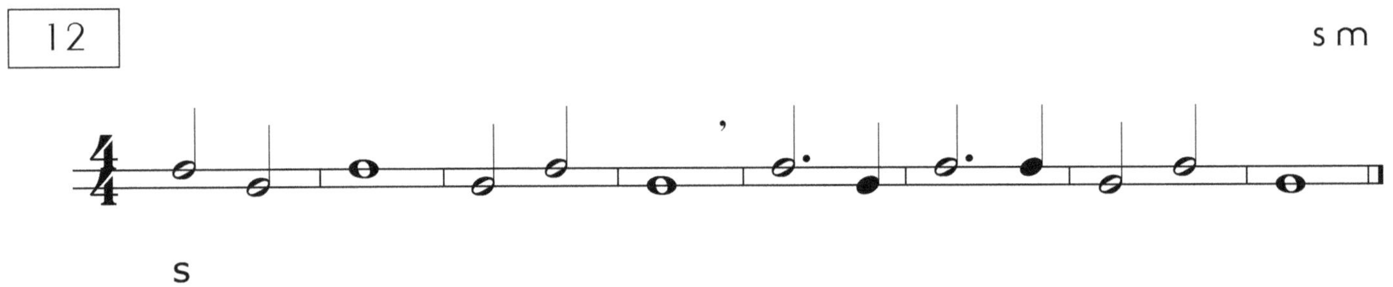

GA 16023

||

13

14

15

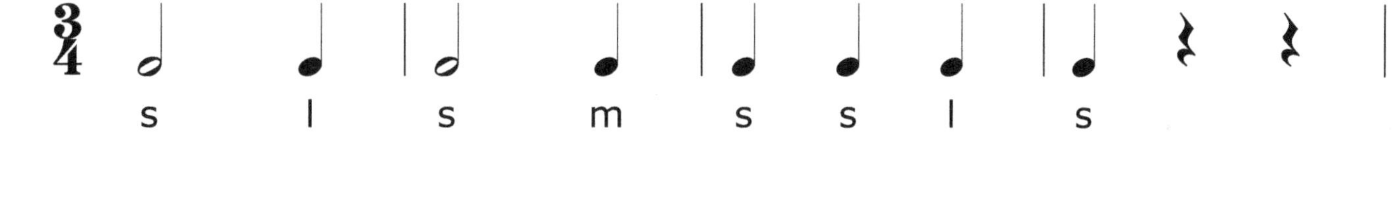

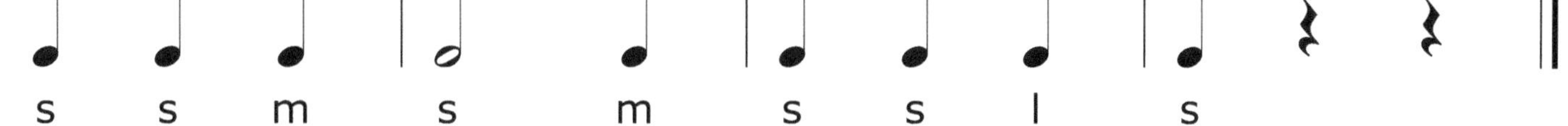

16
sm

2/4 s m s s s | s m s s | s s | s s |

s m s

17
l s m

4/4 s m s l s m s l s

s m s l s m s m m

18
l s m

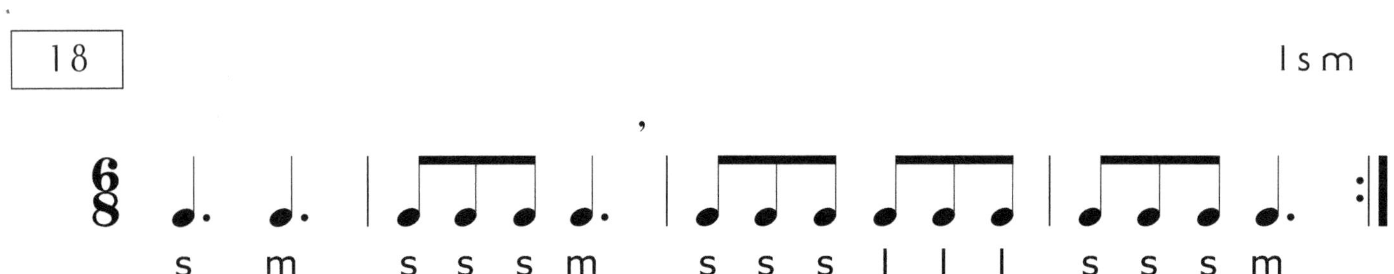

GA 16023

19

20

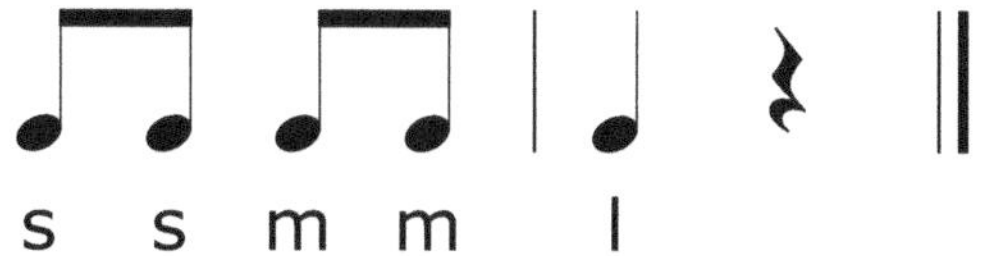

21

GA 16023

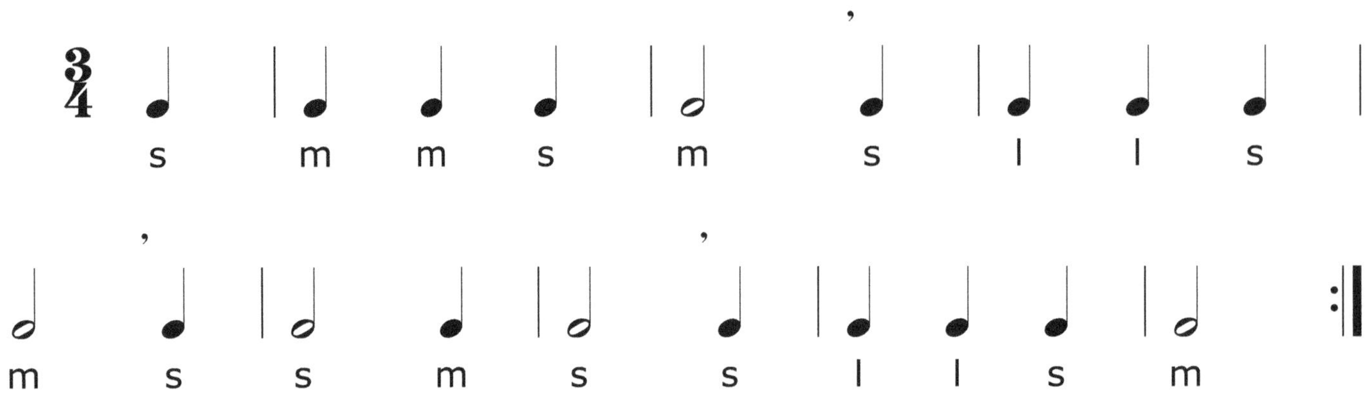

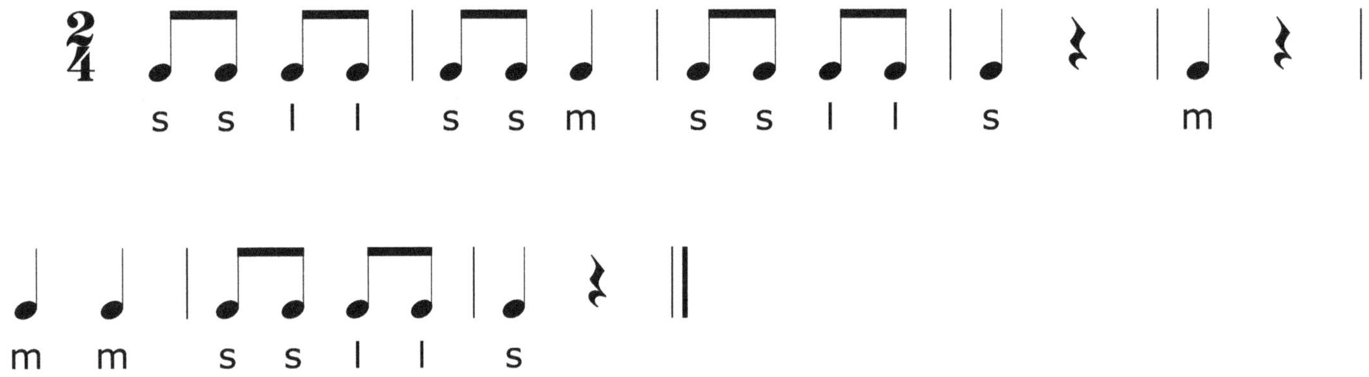

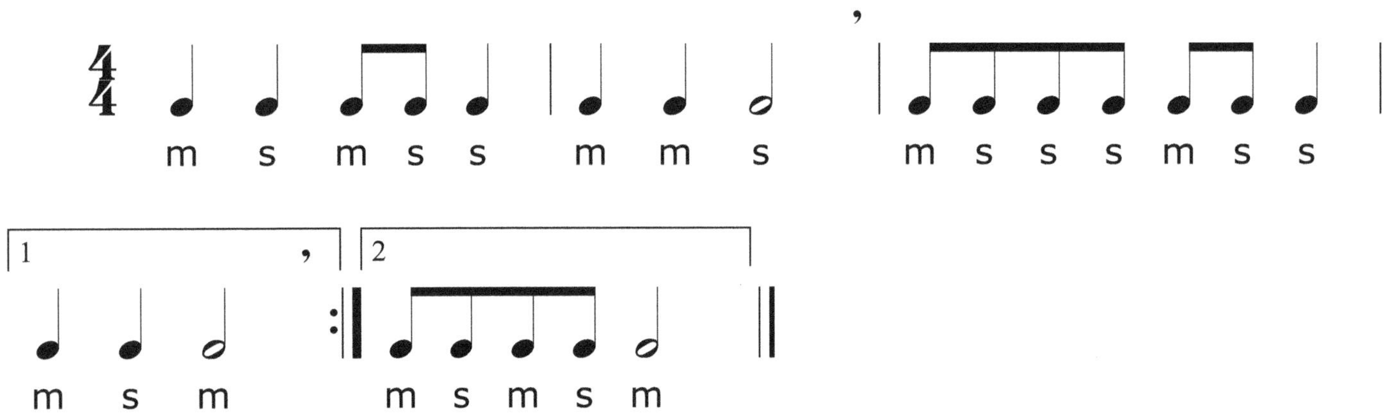

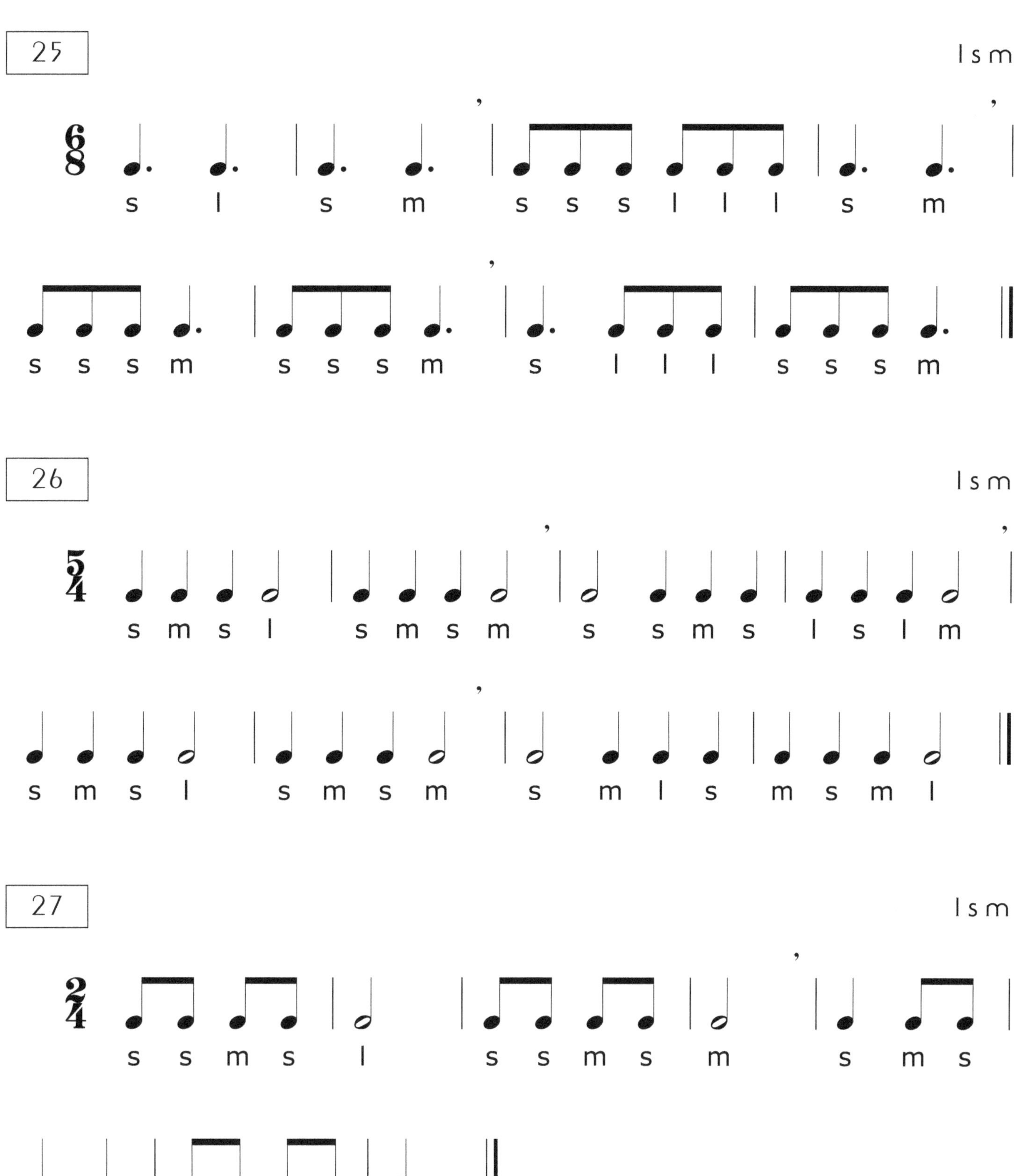
25
l s m
6 8
s l s m s s s l l l s m
s s s m s s s m s l l l s s m
26
l s m
5 4
s m s l s m s m s s m s l s l m
s m s l s m s m s m l s m s m l
27
l s m
2 4
s s m s l s s m s m s m s
l l s s m s m

GA 16023

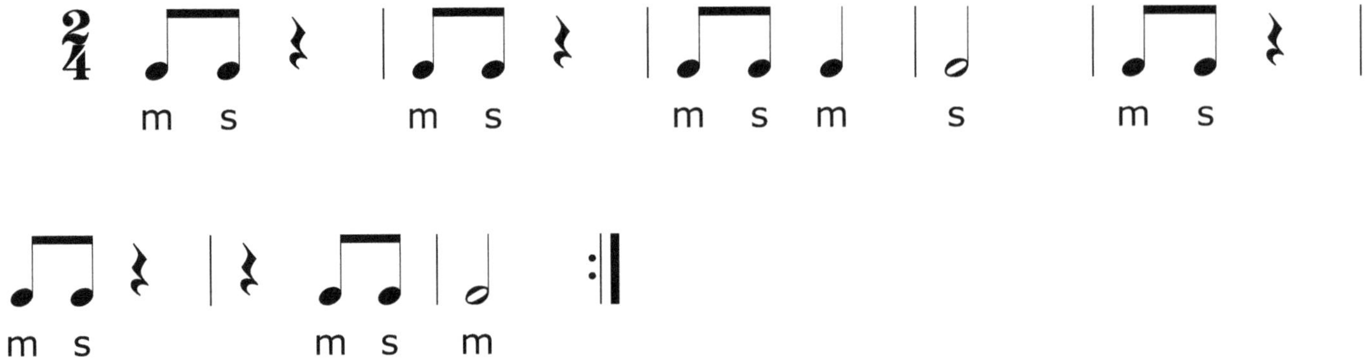

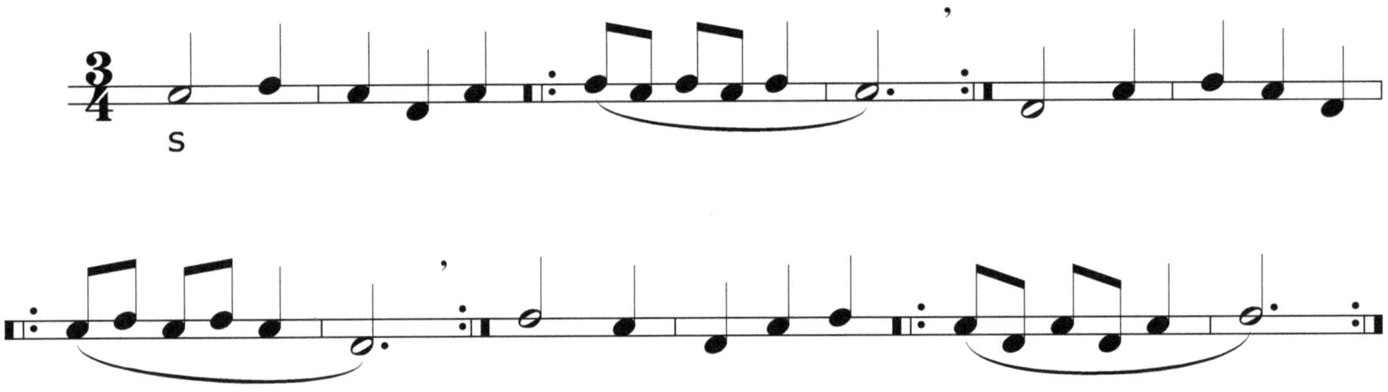

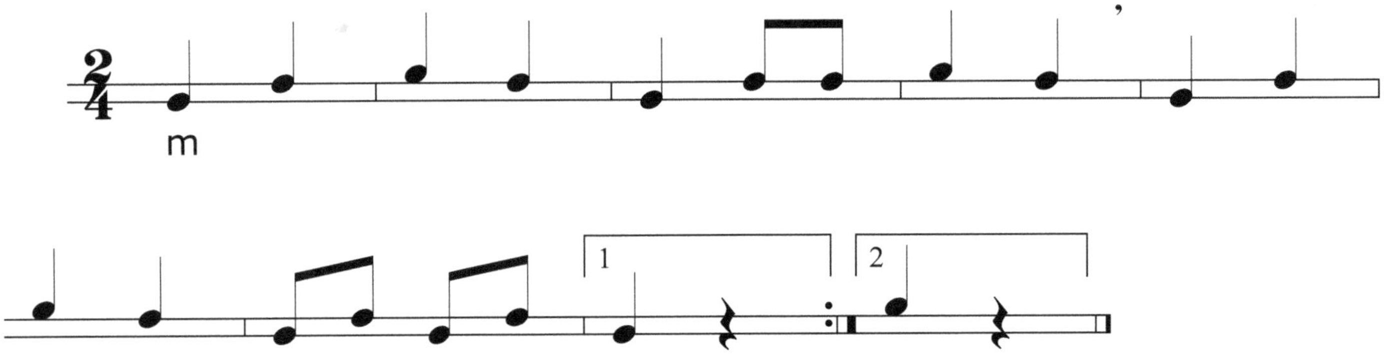

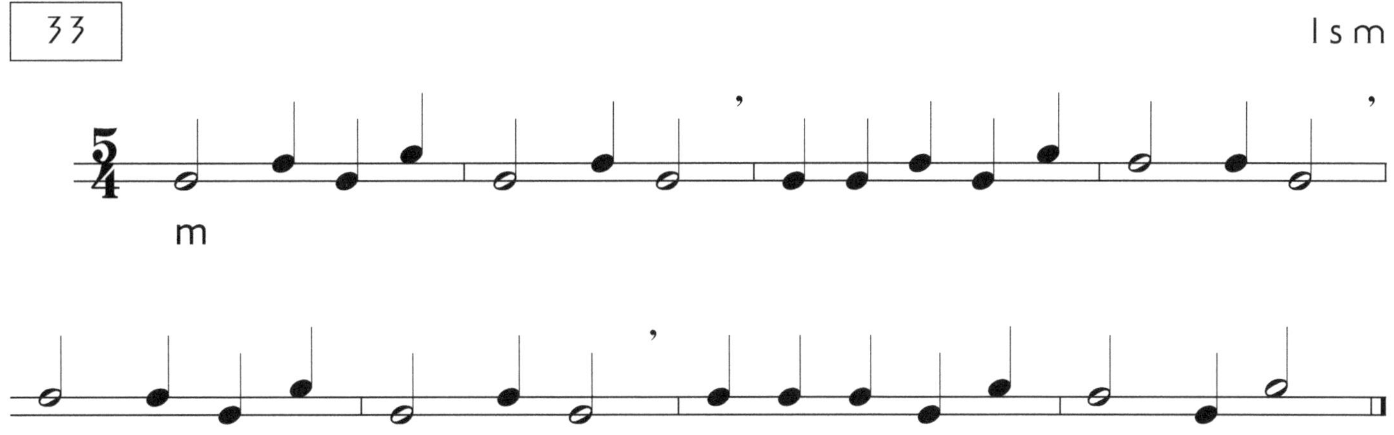
31
l s m 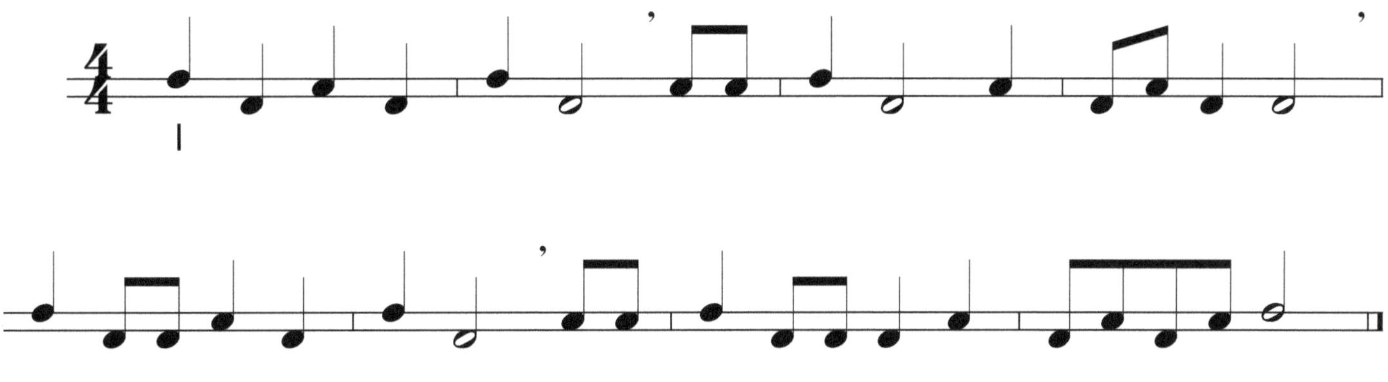
l
32
s m 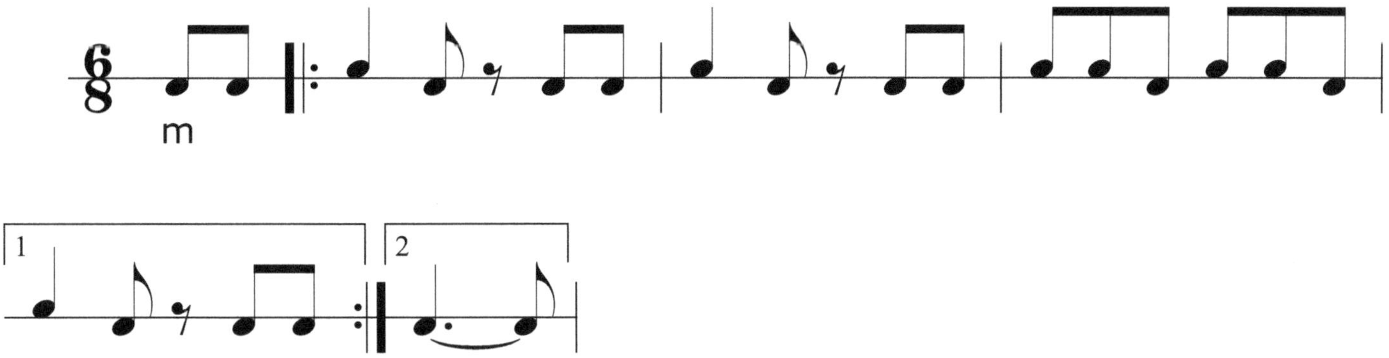
m
1
2
33
l s m
m

III

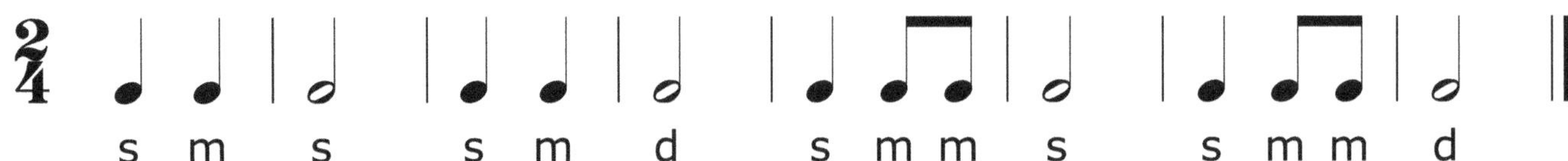

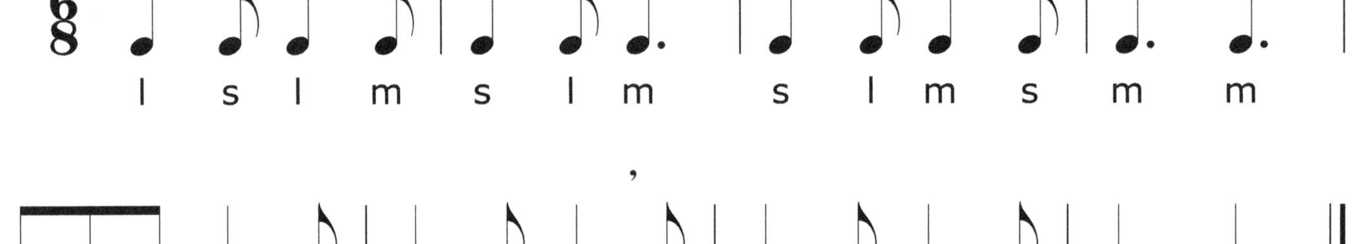

     GA 16023

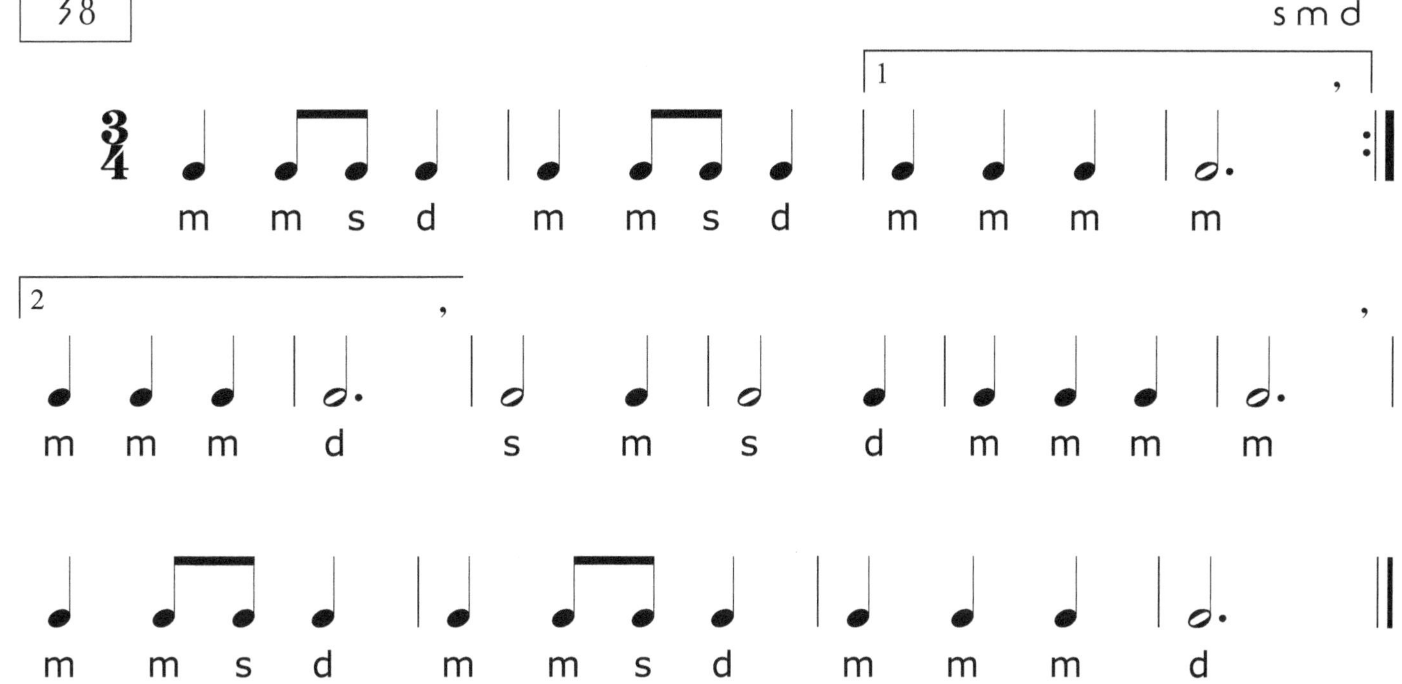
37
s m d
s d s s d m s m s d s s
d d d s s d m s d m s d
38
s m d
m m s d m m s d m m m m
m m m d s m s d m m m m
m m s d m m s d m m m d
1
2

39   s m

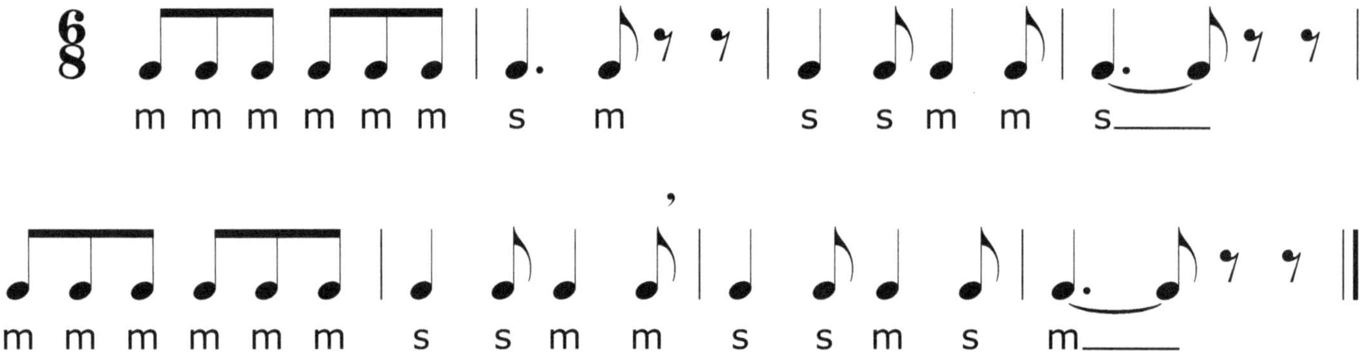

40   s m d

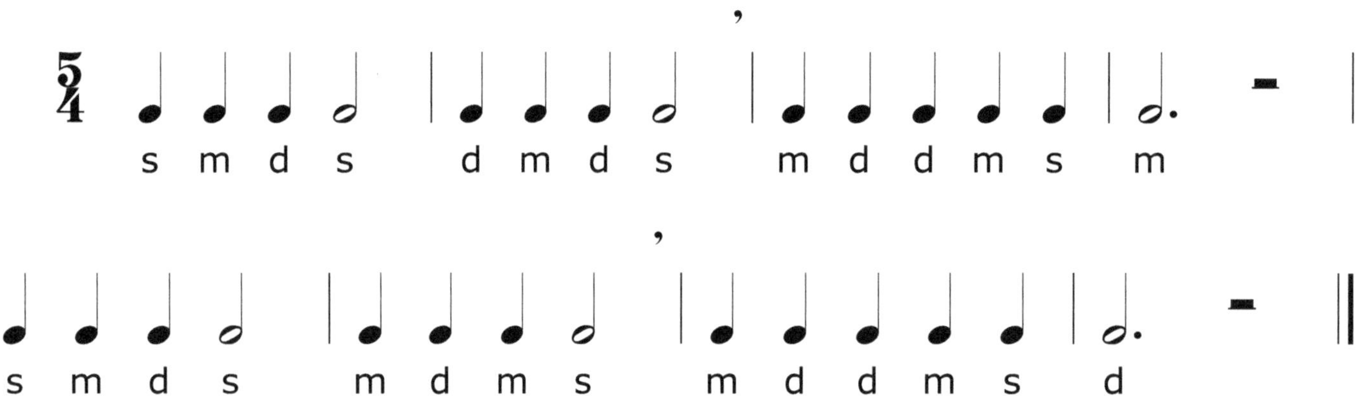

41   s m d

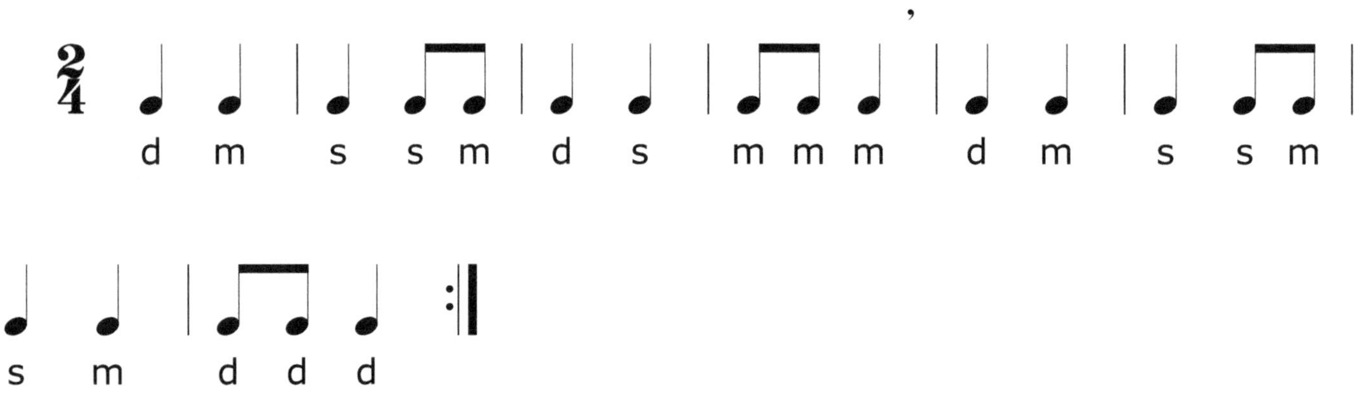

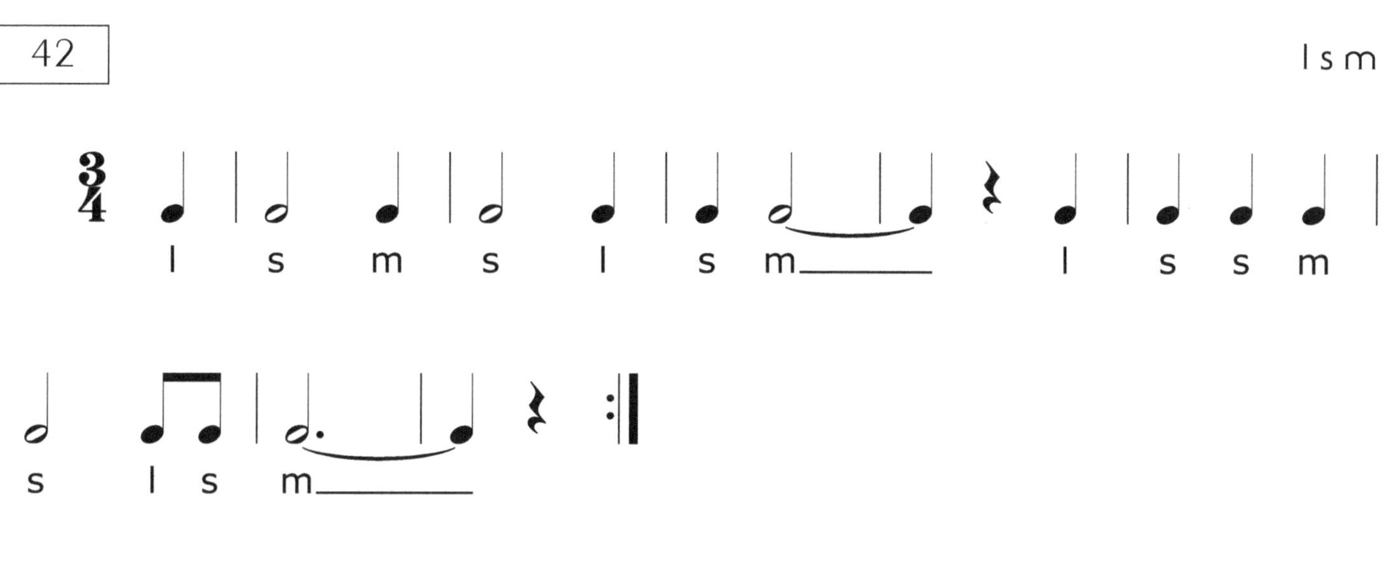

42
l s m
3/4
l   l   s   m   s   l   l   s   m____   l   l   s   s   m
s   l   s   m____

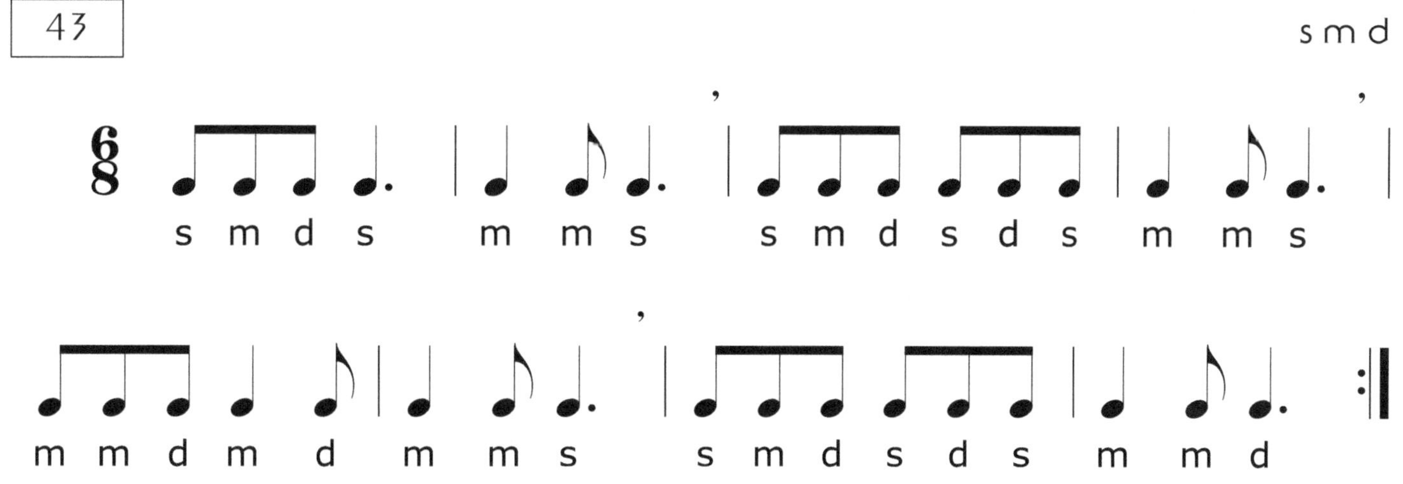

43
s m d
6/8
s m d s   m m s   s m d s d s m m s
m m d m d m m s   s m d s d s m m d

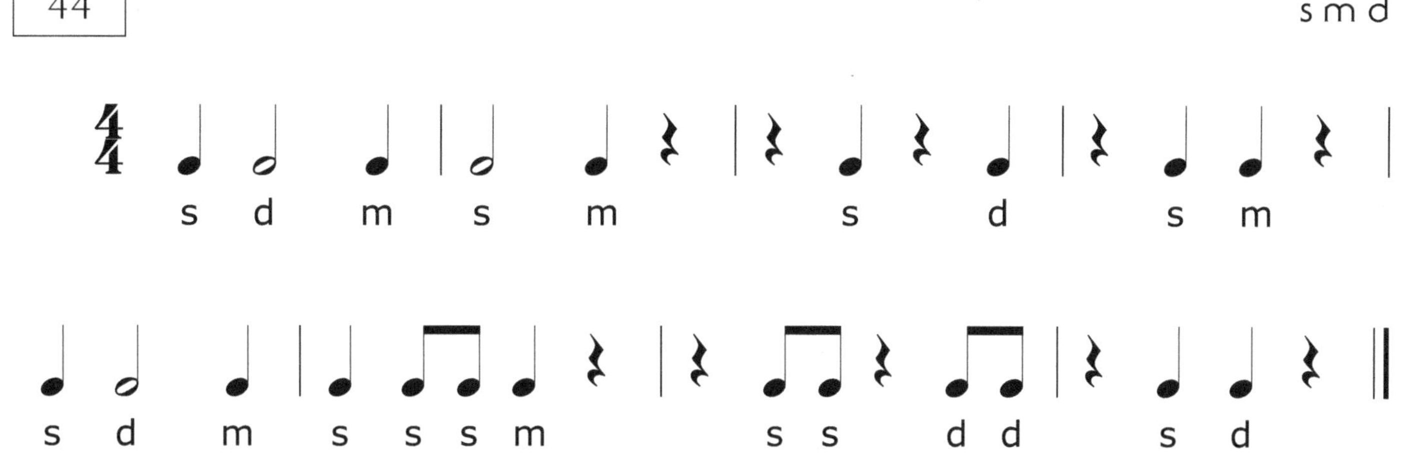

44
s m d
4/4
s d m s   m   s d   s m
s d m s s s m   s s   d d   s d

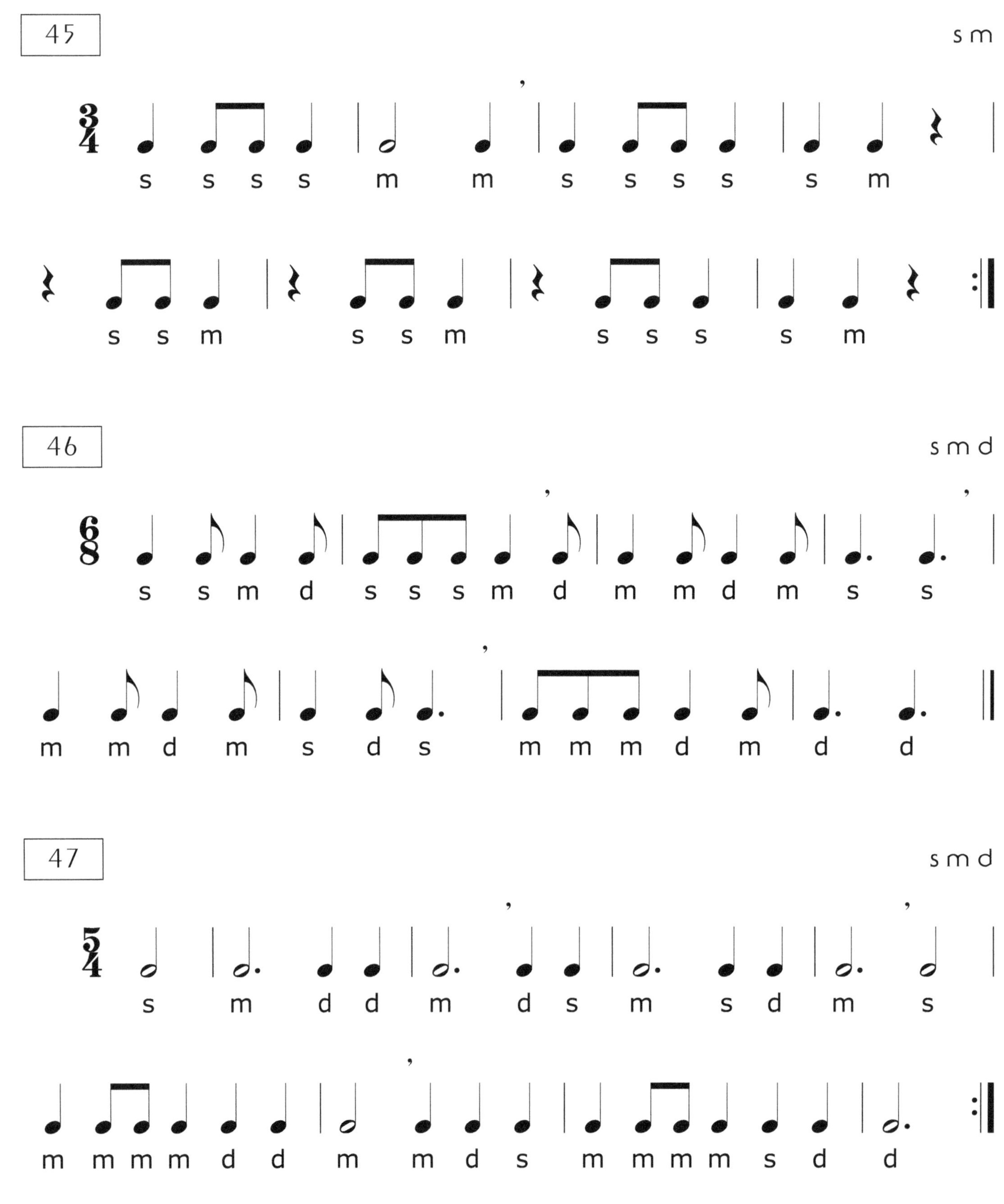

GA 16023

48
l s m
s l s m s l l l s m s l s m s
, 1
l l s l m
, 2
s l s m l s s m s l
49
s m d
d
,
50
s m d
s
1
, 2

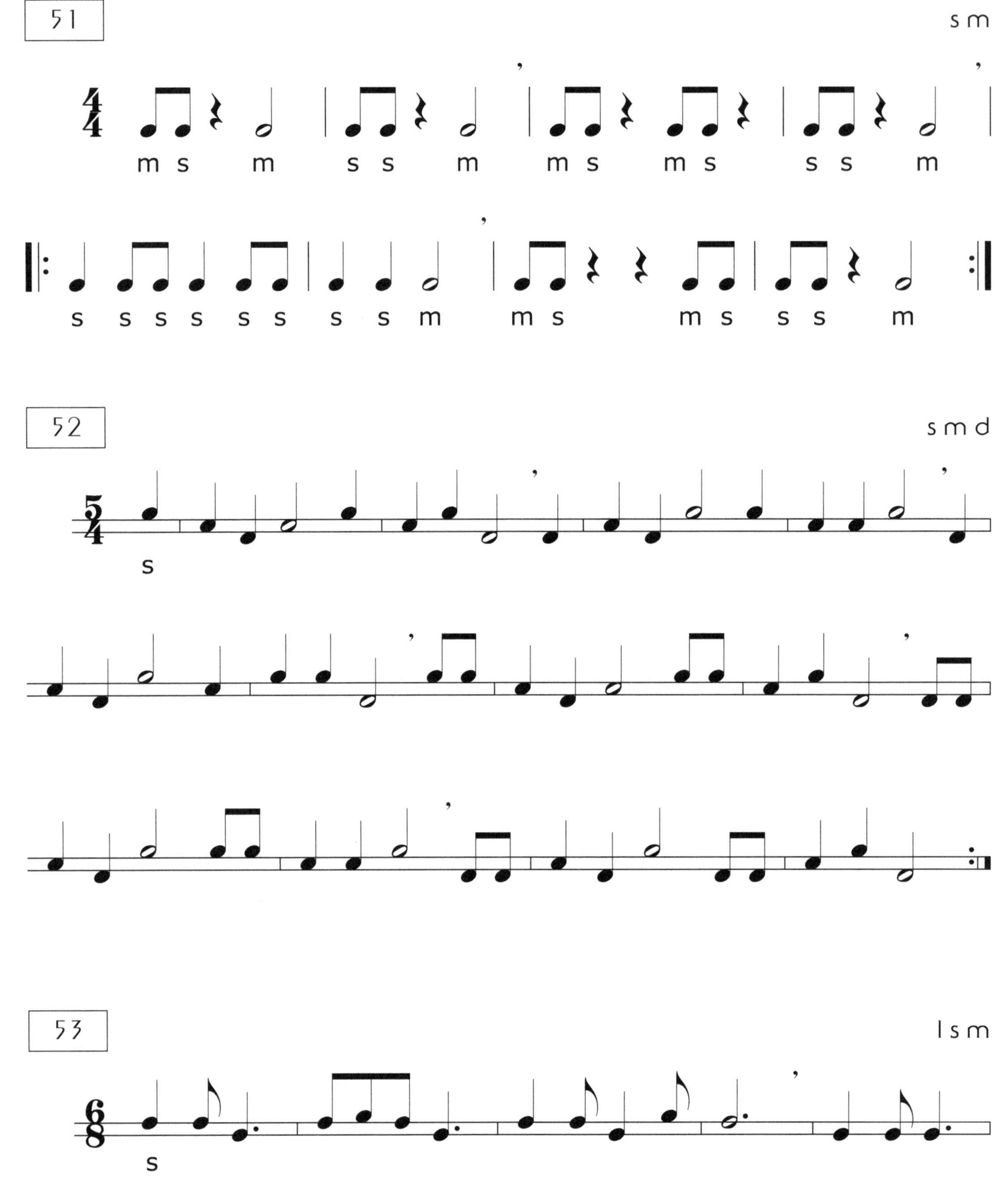

GA 16023
© 2019 - GA music

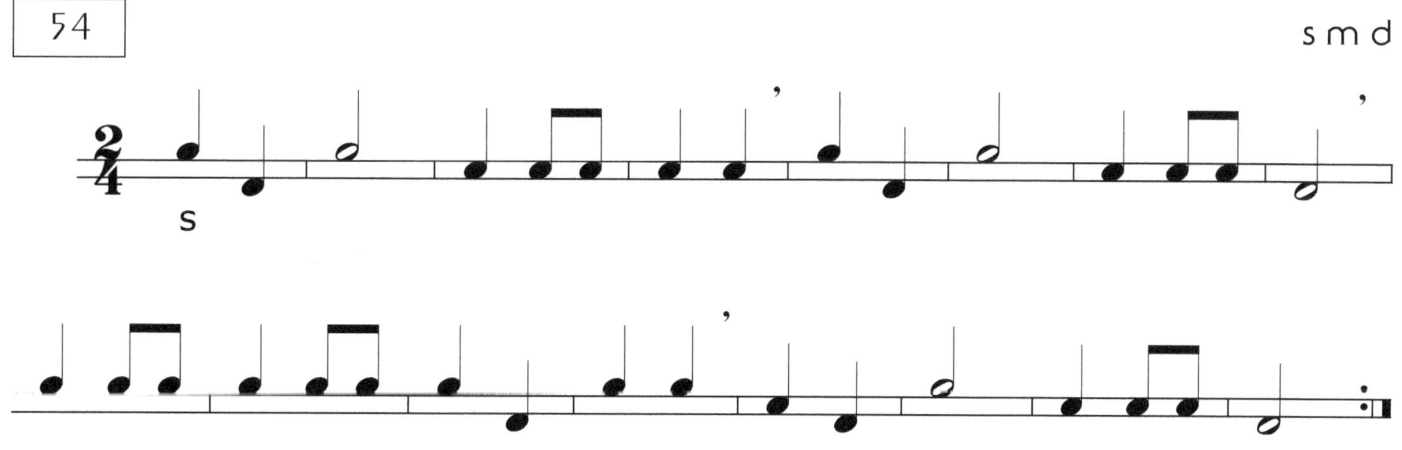
54
s m d
s

55
s m
s

GA 16023
© 2019 - GA music

IV

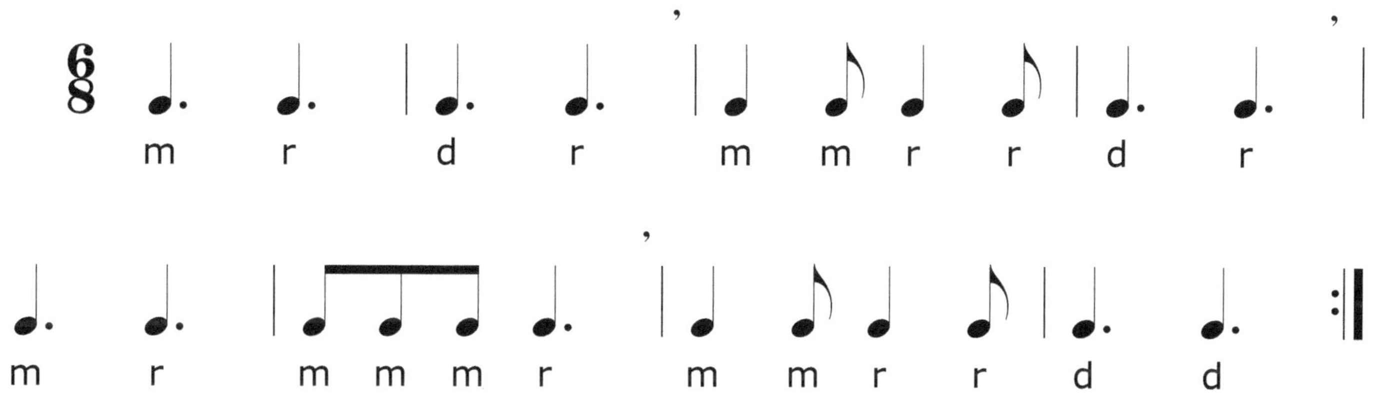

59

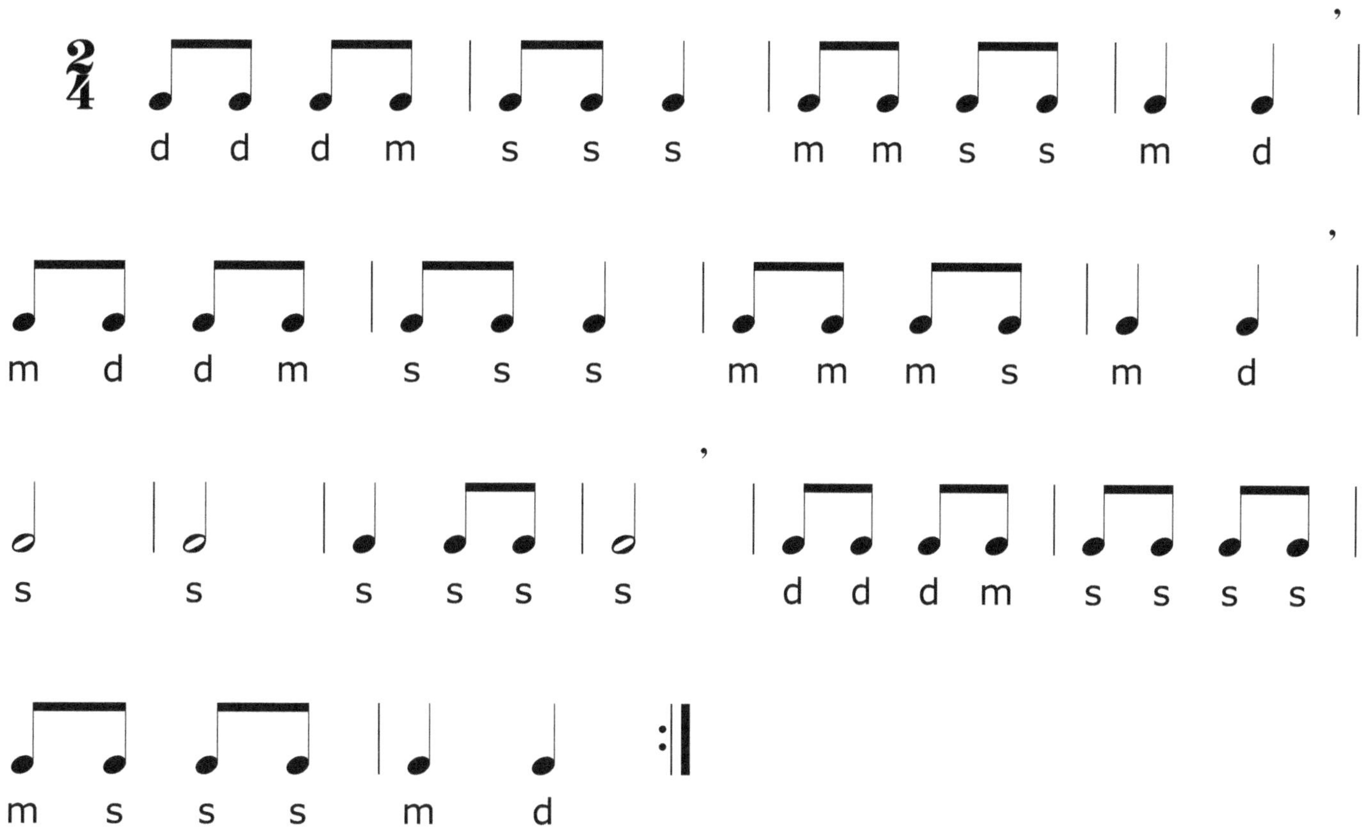

60

61 m r d

3/4

m r d r m r d r d

r r m r d m r d r m r m

d r d r r m d r d

62 l s m

6/8

s l m l s m l s l m

s m l s m l s m s l m s m

63 m r d

4/4

m r d r m r d m m r d r m r d

   GA 16023

r r r m d r r r d m m r d r m d r d

64

sm

s m s m s s m s s s
m s m s s s m s m s m s m

65

mrd

d r m r d r r d r m r d r m r
m r d r m r d r d r m r d r m d

66
s m d
2/4
s s m s   m m s   s s m s   m m m
d d m s   m m s   s s m s   d d d

67
m r d
3/4
m r d r   m m r r d r
r r m d   r m d m r r d r m d

68
l s m
6/8
s l s m s l s m   m l m l   s l s m
s m l s m s l s m   m l m l   s l m s

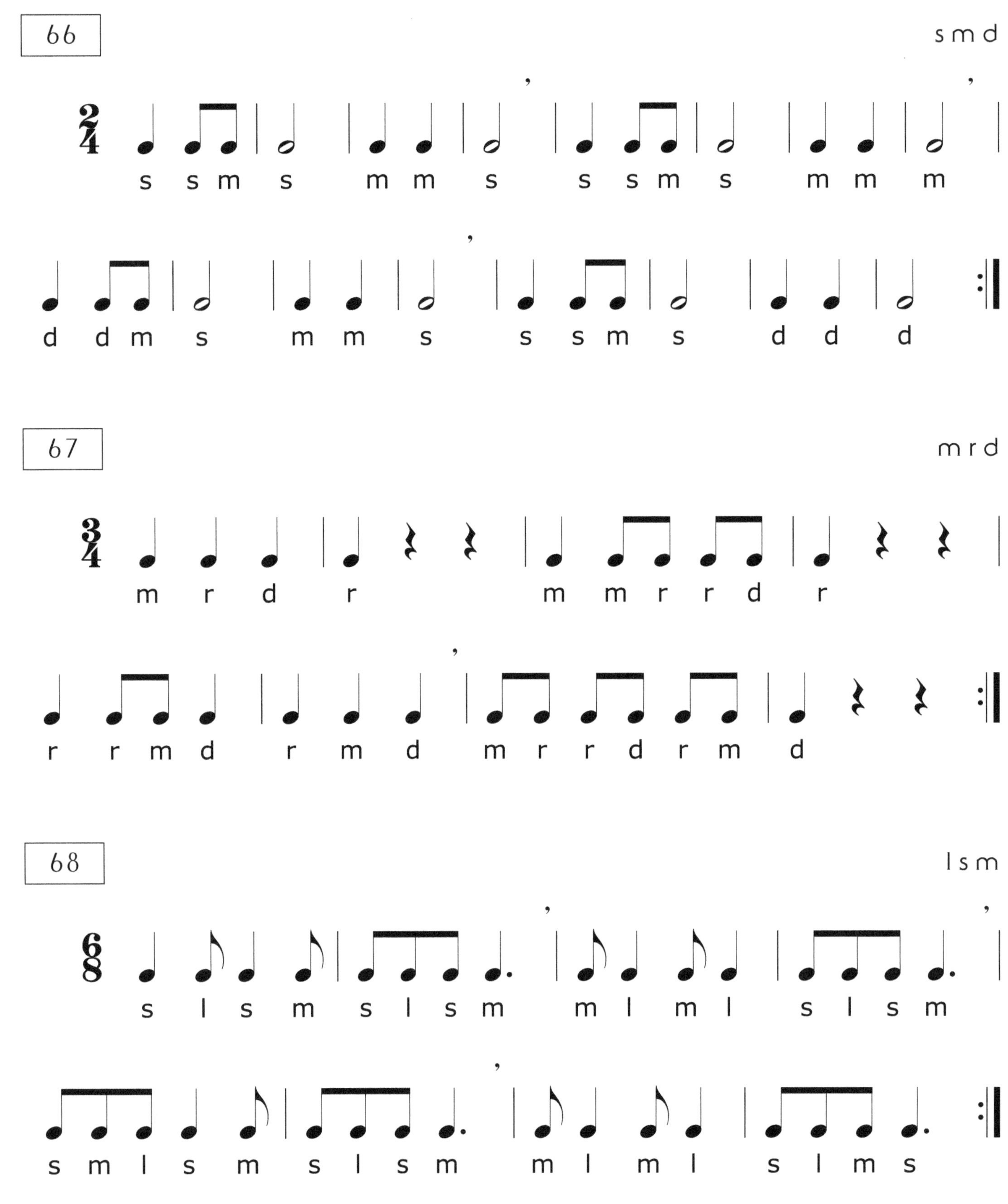

GA 16023

69   m r d

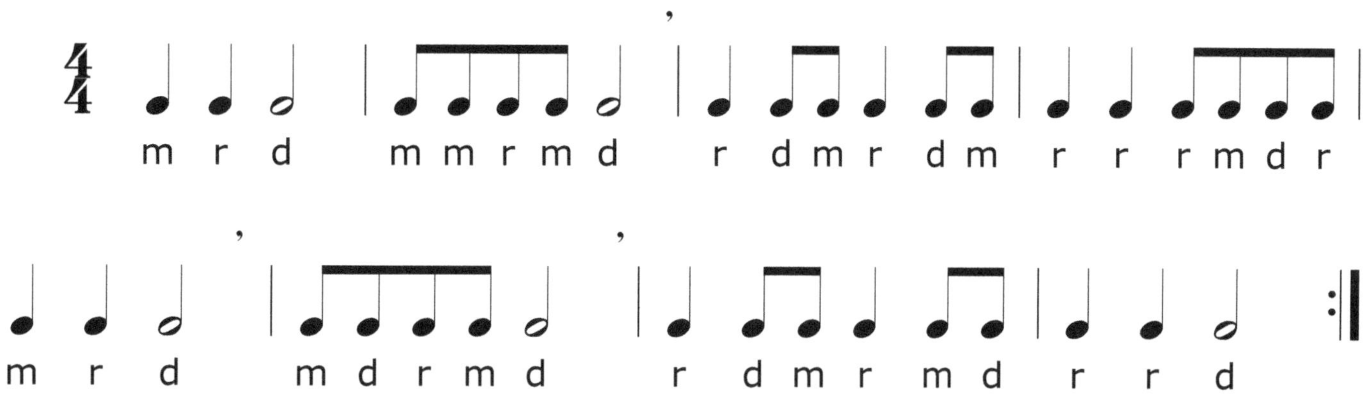

4/4

m r d   m m r m d   r d m r d m   r r r m d r

m r d   m d r m d   r d m r m d r r d

70   s m

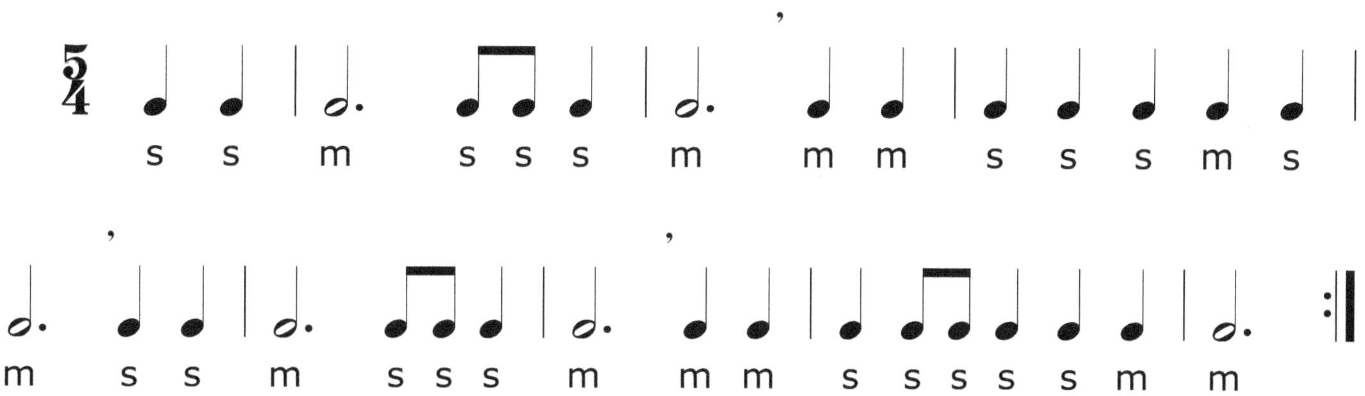

5/4

s s m   s s s m   m m s s s m s

m s s m   s s s m   m m s s s s s m m

71   m r d

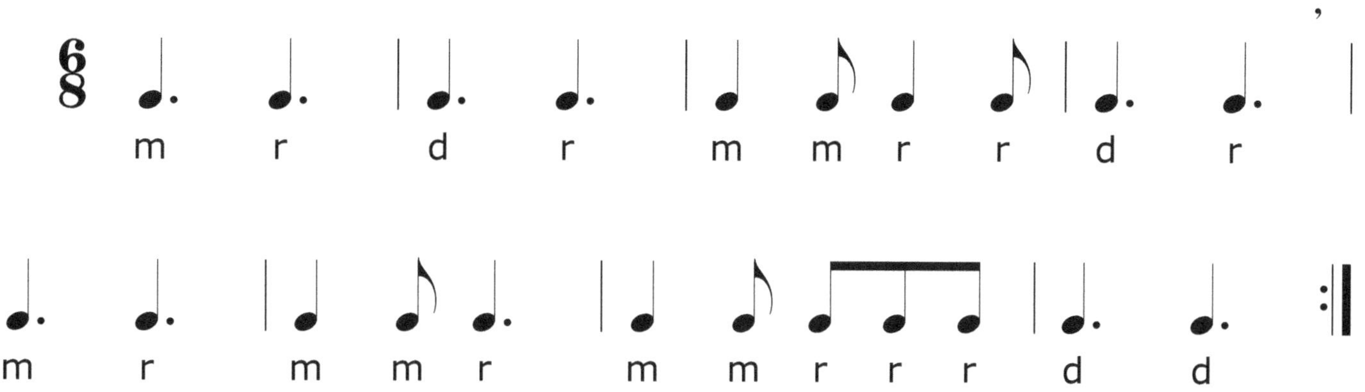

6/8

m r d r m m r r d r

m r m m r m m r r r d d

72
s m d
s m d s   s s m d s   m m m m   m m m m
d s s d s s d s m d s   m m d m
s   m m m m   m m m m   s s s d
73
m r d
m r d r   r d m d m r
1
r m d r   r m d r d
2
r r r r   r m d r d

GA 16023

74
l s m
m s m l s m s m
l s s l s m s l m m m m
75
m r d
m
76
s m
s

GA 16023

80
l s m
m
81
m r d
82
s m d
s

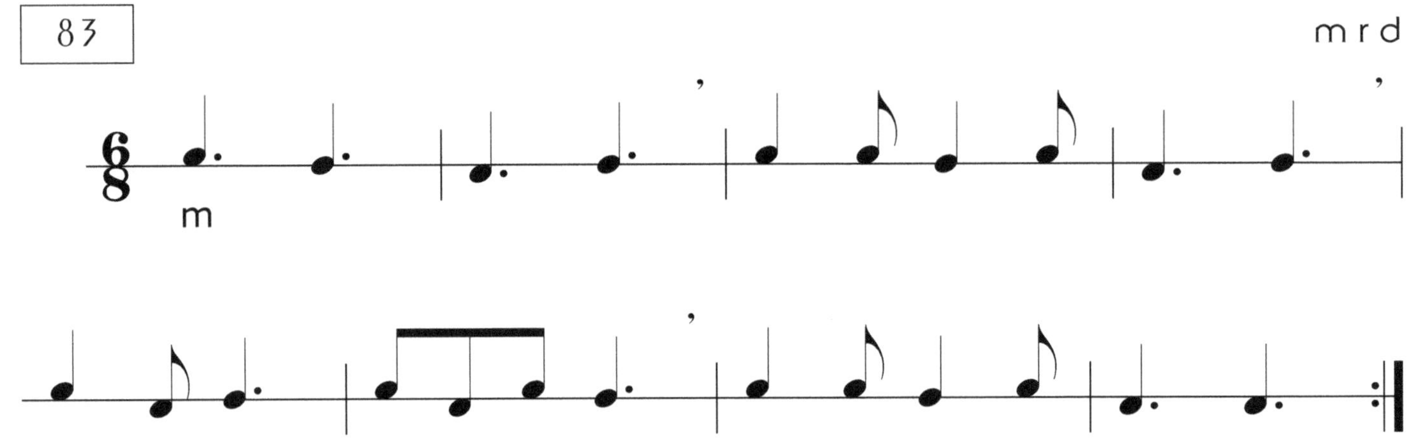

GA 16023

V

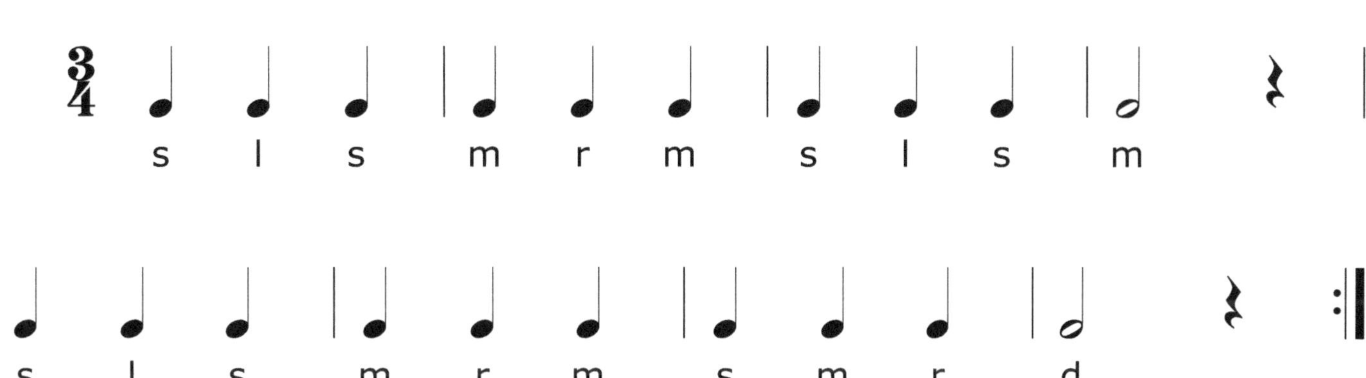

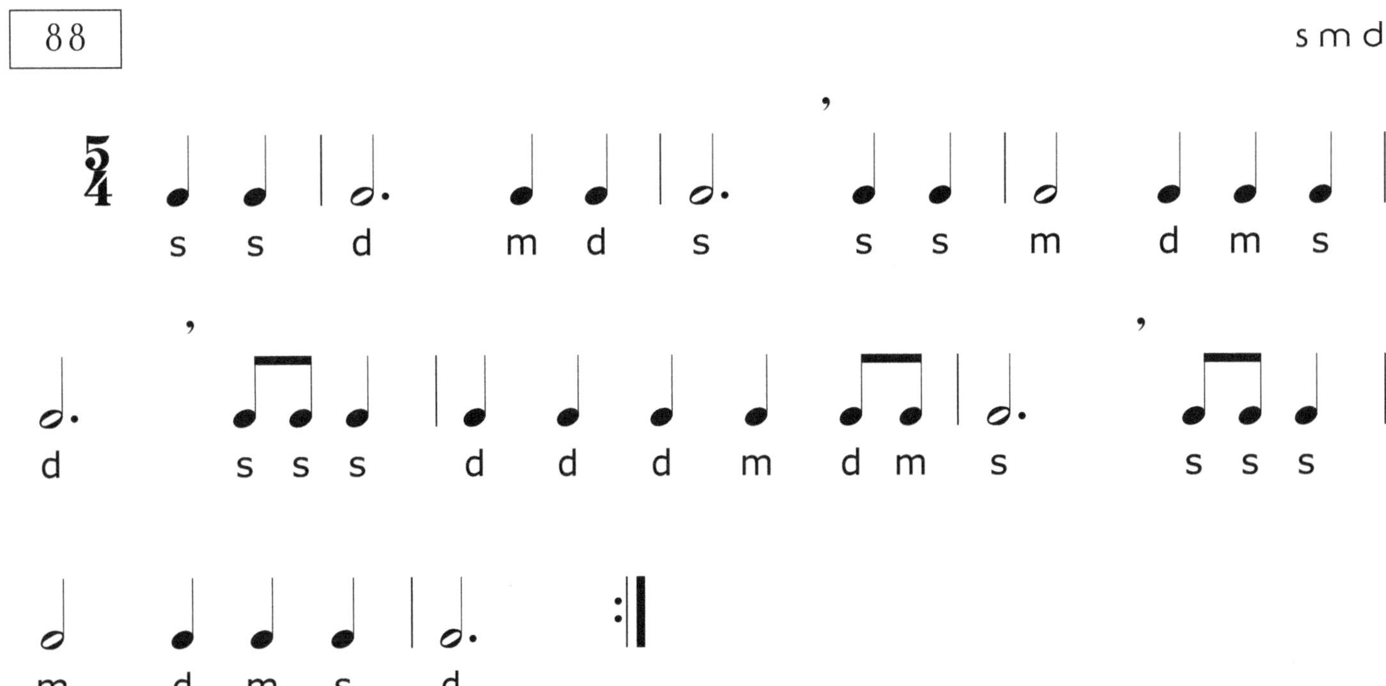

GA 16023

89
l s m r d
d m r m s l s m r d m r m s m l s
m d m r m s l s m r m d r m s l s d

90
l s m
l m l m s m l m m s l m
1
l m s m l s
2
m l s m s l

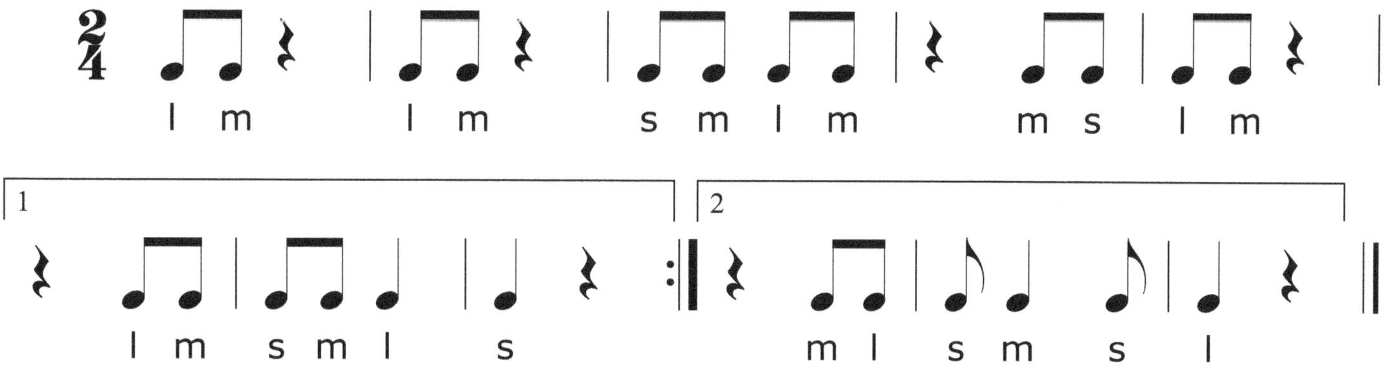

91
l s m r d
s l s m d r r s l s r m d d 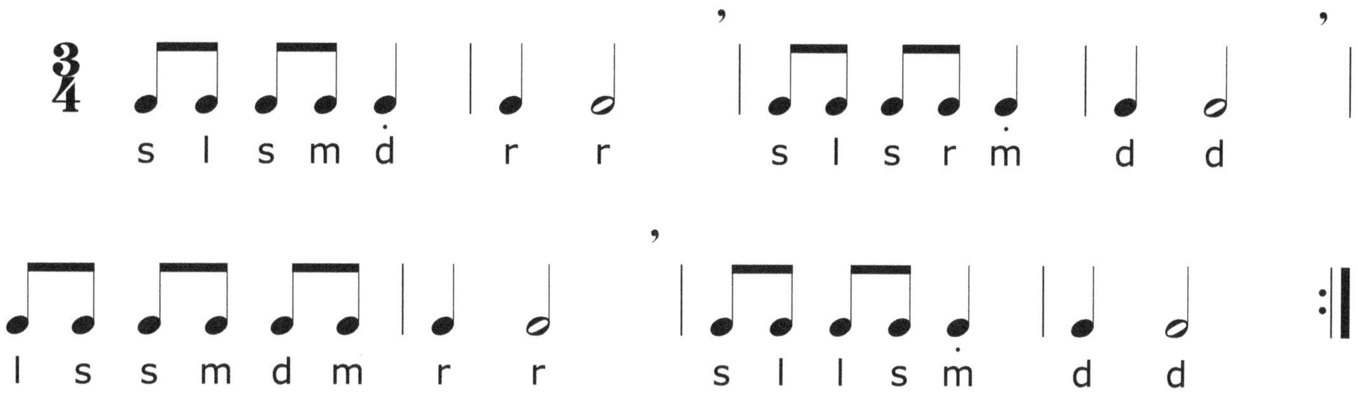
l s s m d m r r s l l s m d d

92   s m

s s m s s s m s s m s s

m m m m m s m m s s s m m

93   l s m r d

d s m l s m r m d s m l s m r m d

r s r s m l m l r s m l s m r m d

94   m r d

r m r d r m r m d r d r m d

r d r m r d r d m d r m d m

   GA 16023

95
l s m r d
s l s m r d r m s l s m r m d r
m d r s m l s r m s d m r m r d

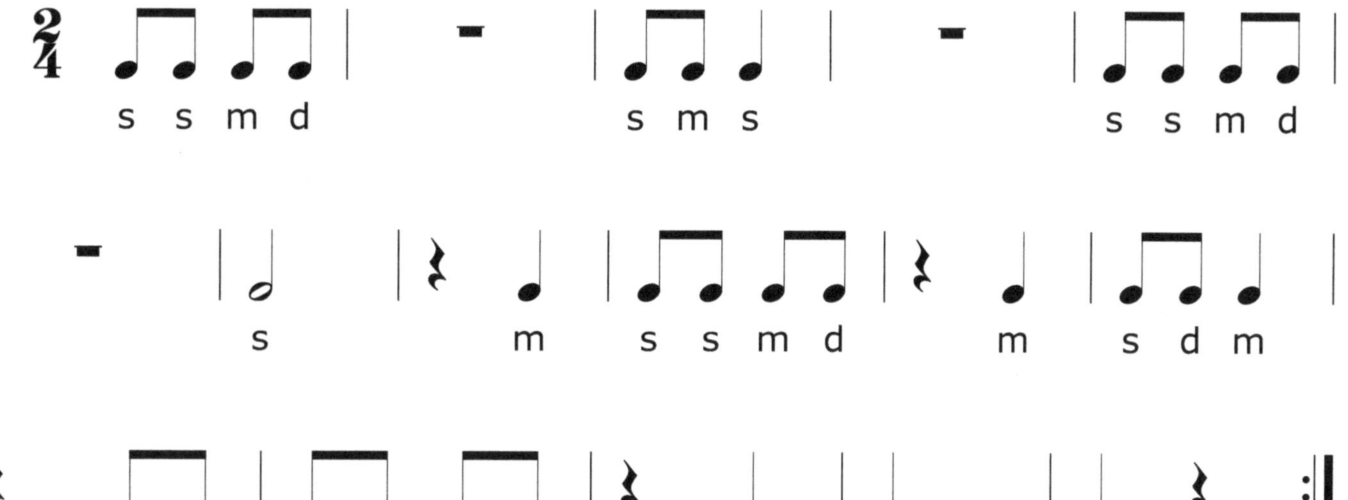
96
s m d
s s m d   s m s   s s m d
s   m s s m d   m s d m
d m s s m d   m s   d

97

l s m r d

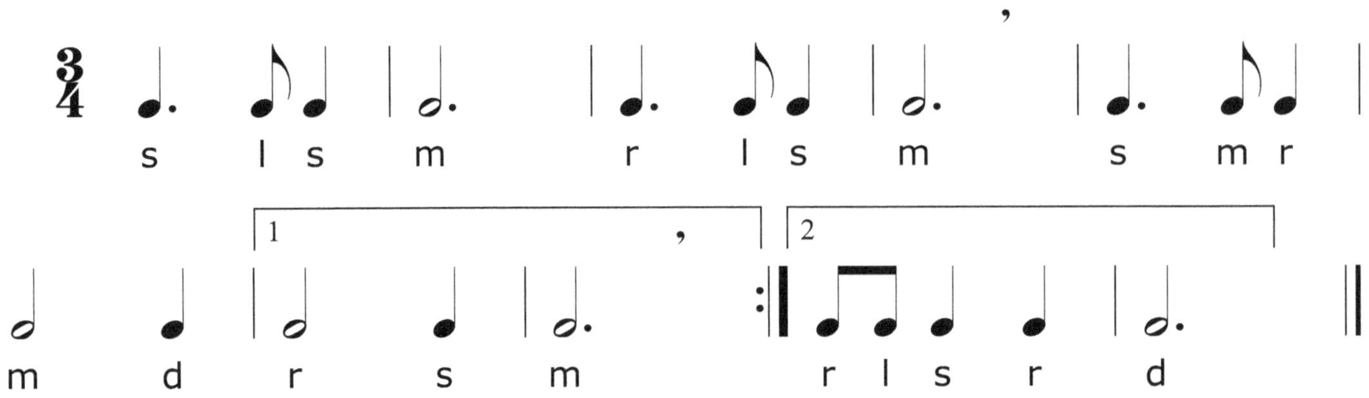

3/4

s l s m r l s m s m r

1

m d r s m

2

r l s r d

98

l s m

6/8

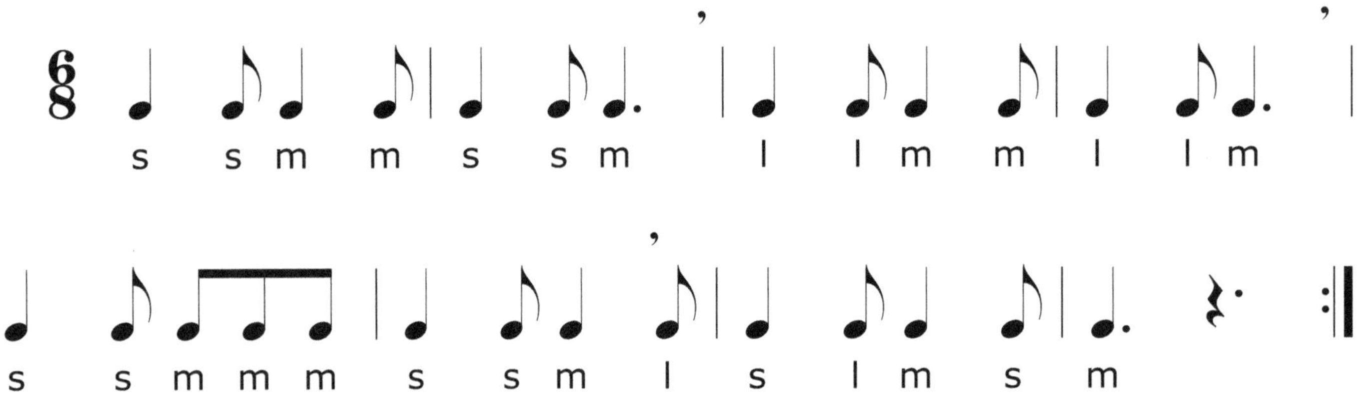

s s m m s s m l l m m l l m

s s m m m s s m l s l m s m

99

l s m r d

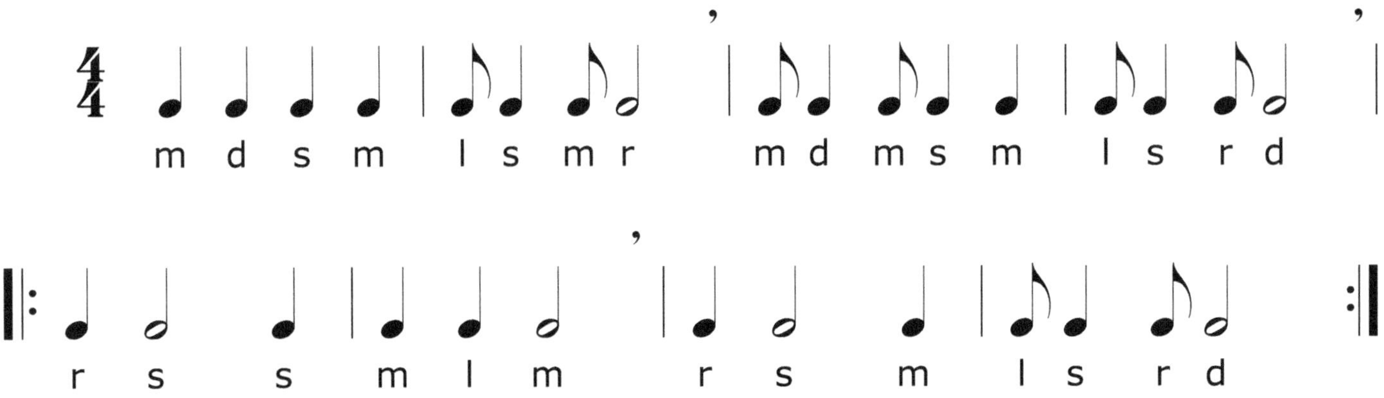

4/4

m d s m l s m r m d m s m l s r d

r s s m l m r s m l s r d

100   s m

101   l s m r d

Fine

D.C. al Fine

     GA 16023

102   m r d

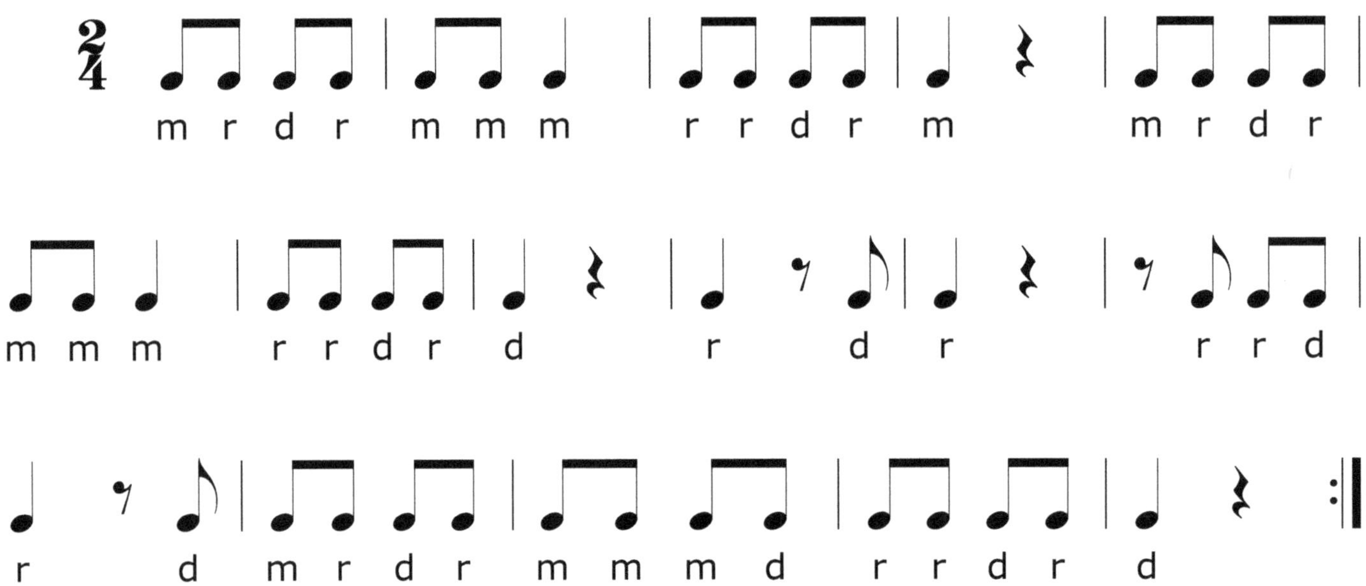

103   l s m r d

   GA 16023

104
s m d
m s d m s d m
m d s m s d m
s s s s s m m s d m d s d
105
l s m r d
s l s m d r m d r s
s l s m d r
m d r d r s
l s m r m m
s l s m d r m s r d

106 lsm

5/4

s m l m s   s m l s m   m l s m

s   l s s l m   s m l m s   m l l s

m   m l s m s   l m m s l

107 lsmrd

6/8

d s l s m s l s d s l m s m r

m d s l s m s l s m d s r m r d

108 sm

2/4

s s   m s s   s m s s

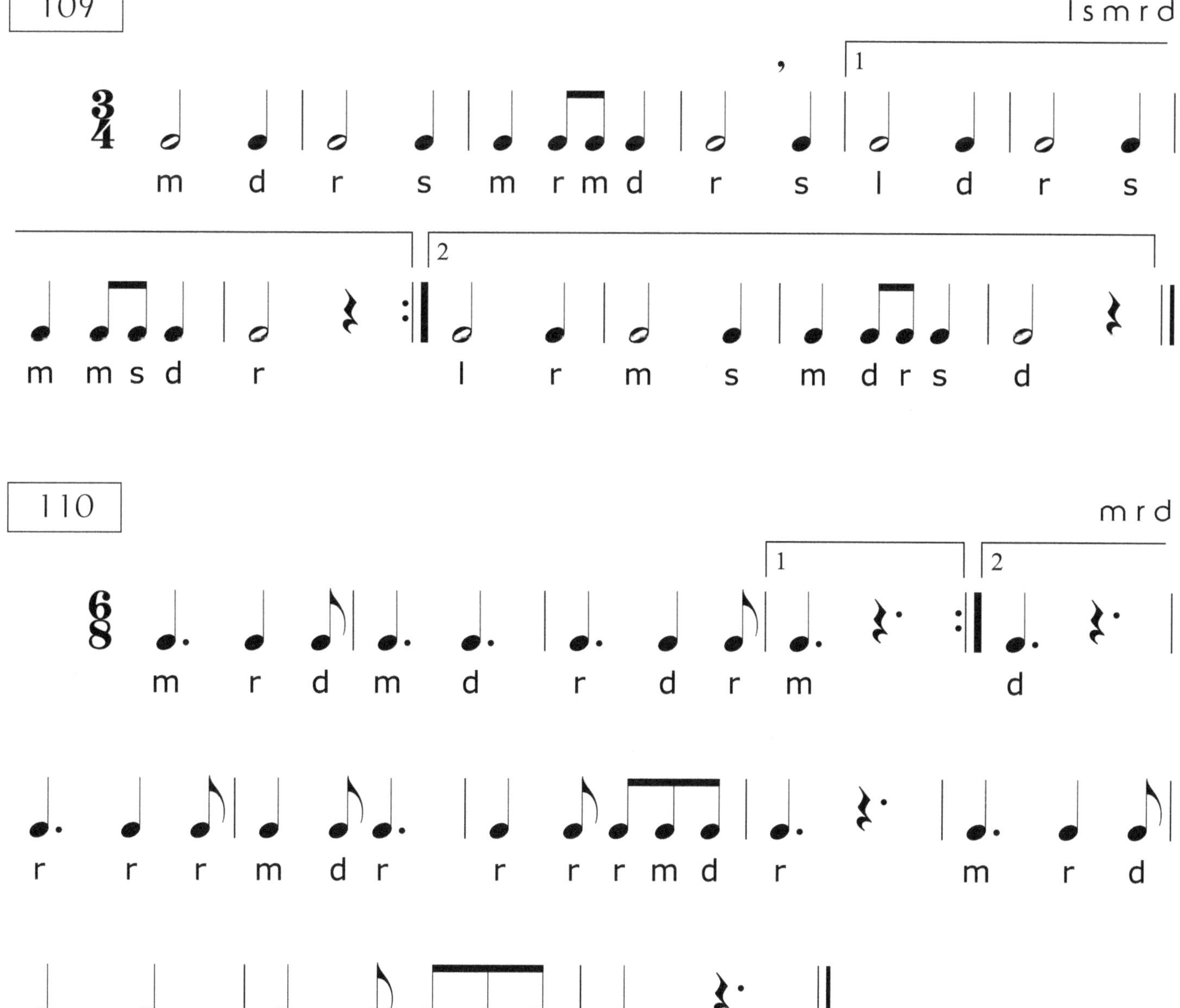
m m s m m
109
l s m r d
3/4
m d r s m r m d r s l d r s
m m s d r
l r m s m d r s d
110
m r d
6/8
m r d m d r d r m
d
r r r m d r r r r m d r
m r d
m d m r d r m d

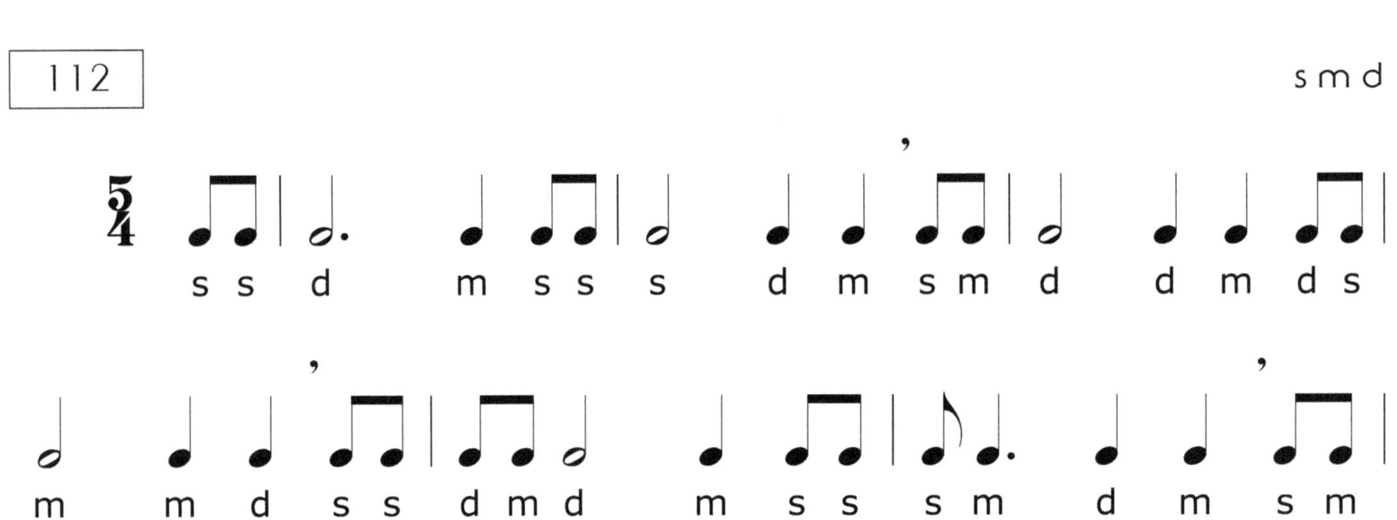

GA 16023

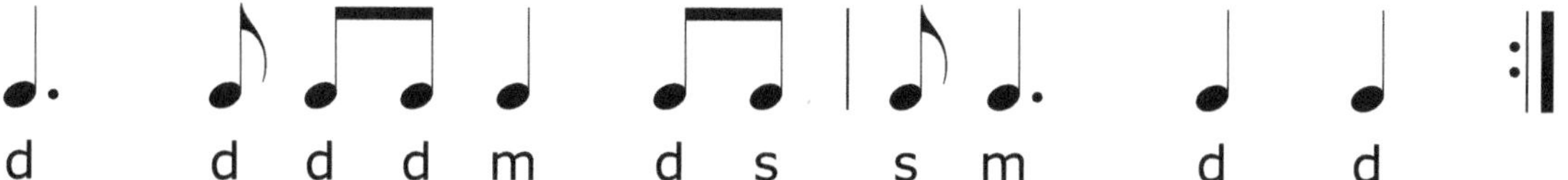

113 l s m r d

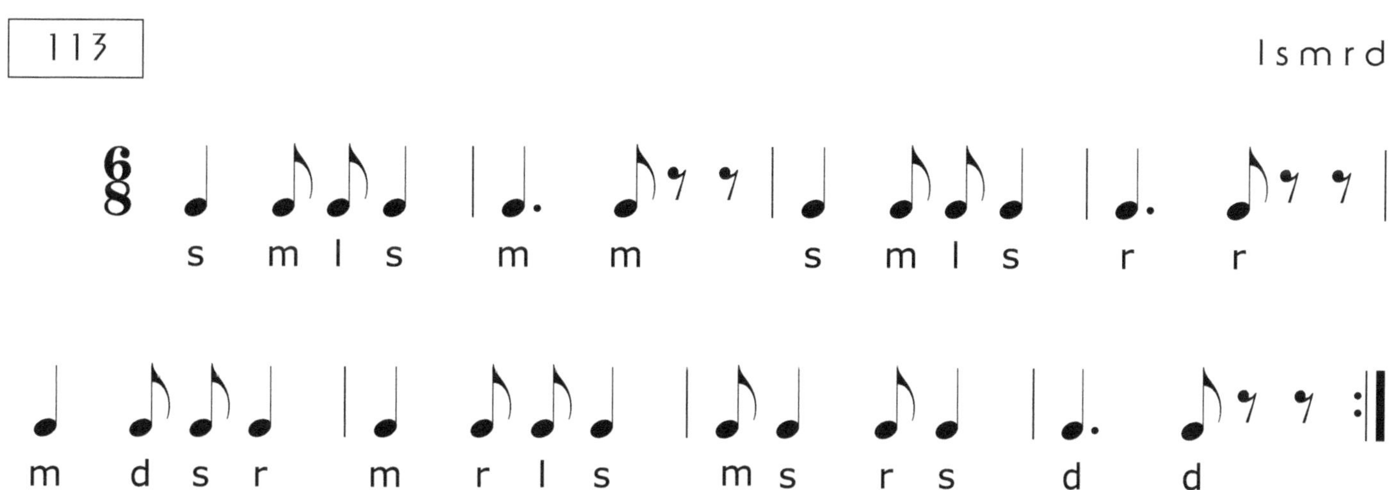

114 l s m

115
l s m r d
s
116
m r d
m r m d r m d r m r m d r m r
m r m d r m d r m d m r d r d
117
l s m r d
s

118

sm

GA 16023

122
m r d
r
1
2
123
l s m r d
d
124
l s m
s

GA 16023

© 2019 - GA music

127

128

GA 16023

132
smd
m
1
2
133
lsmrd
s
134
mrd
m
1
2

GA 16023

© 2019 - GA music

GA 16023

GA 16023

GA 16023

GA 16023